周一革命

职场人摆脱周日焦虑症

［英］大卫·曼斯菲尔德（David Mansfield） 著

高李义 译

中国科学技术出版社

·北 京·

The Monday Revolution: Seize control of your business life by David Mansfield
Copyright © David Mansfield, 2020
This translation of The Monday Revolution by David Mansfield is published by arrangement with Alison Jones Business Services Ltd trading as Practical Inspiration Publishing
The simplified Chinese translation rights arranged through Rightol Media
（本书中文简体版权经由锐拓传媒取得 Email:copyright@rightol.com）

北京市版权局著作权合同登记 图字：01-2021-7176。

图书在版编目（CIP）数据

周一革命：职场人摆脱周日焦虑症 /（英）大卫·曼斯菲尔德著；高李义译 . —北京：中国科学技术出版社，2022.4
书名原文：The Monday Revolution: Seize control of your business life

ISBN 978-7-5046-9460-7

Ⅰ . ①周… Ⅱ . ①大… ②高… Ⅲ . ①工作方法—通俗读物 Ⅳ . ① B026-49
中国版本图书馆 CIP 数据核字（2022）第 033439 号

策划编辑	杜凡如　褚福祎	责任编辑	孙倩倩
封面设计	仙境设计	版式设计	蚂蚁设计
责任校对	焦　宁	责任印制	李晓霖

出　　版	中国科学技术出版社
发　　行	中国科学技术出版社有限公司发行部
地　　址	北京市海淀区中关村南大街 16 号
邮　　编	100081
发行电话	010-62173865
传　　真	010-62173081
网　　址	http://www.cspbooks.com.cn

开　　本	880mm×1230mm　1/32
字　　数	147 千字
印　　张	7
版　　次	2022 年 4 月第 1 版
印　　次	2022 年 4 月第 1 次印刷
印　　刷	北京盛通印刷股份有限公司
书　　号	ISBN 978-7-5046-9460-7/B·84
定　　价	59.00 元

—序—
革命万岁！

  "Viva la revolución"这个西班牙短语通常被翻译成"革命万岁"，它被看作是对革命的一种庆祝和支持，就像西班牙革命一样。在我看来，"周一革命"同样值得庆祝，而且我当然会表示支持。本书充满了非常不错的实用建议，信息量很大，但又不是"说教"。这篇序的目的不是过分赞美本书，也不是试图说服你相信这是一本好书。我想说的是如何实施这一革命。

  根据《都市词典》(*The Urban Dictionary*)[1]，说出"Viva la revolución"可不仅仅是为了赞美革命。它是作为行动的号召而喊出的："发起一场革命，并开始与反对变革的当权派对抗。"这与我对"周一革命"的看法是一致的。但敌人并不是"反对变革的当权派"，而是我们既定的思维方式。我们需要与自己的关于商业实践和大众化管理智慧的那些想当然和不知情的假设做斗争。

  假设你读完这本书后，觉得这本书有可取之处，我想就你如何能够"大干一场"并与你个人的"周一革命"相调协提供一些简单的建议。正如大卫在后记中指出的那样，本书中有多个行动指南。他的建议是，分清轻重缓急、一步一步来很重要。这是极好的建议。我

---

[1] 解释英语俚语词汇的在线词典。——译者注

想提供另外两个建议来帮助你进行革命。

第一,在根据书中的建议确定了你希望解决的问题之后,你需要尝试性地实验所需的新流程和新行为。在大多数情况下,事情不可能一帆风顺。因此,我鼓励你积极接受"批判性反思"的过程:对一个或多个事件进行系统的、回顾性的思考。在我看来,进行这种思考的最好技术是"反思循环"[1],它包括6个相对简单明了的步骤:①描述(发生了什么);②感受(你的想法或感受是什么);③评价(这种情况的好处或坏处是什么);④分析(你对这种情况有什么认识);⑤结论(你本还可以做些什么);⑥行动计划(如果这种情况再次发生,你会做什么);然后,回到第1步。

完成这一过程被证明是确定和成功采取合理做法的一种有效途径。

第二,本书能够帮助读者确定自己在商务活动中需要提升的能力。在这方面,本书重点关注的是革命的"内容"。为了利用书中所提供的卓越建议并优化你的个人革命,我建议再阅读一本就促使一场革命发生的"过程"提供卓越建议的书籍,作为对上述建议的补充。我想到的书是《原子习惯》(*Atomic Habits*)[2]。这本书就如何养

---

[1] 格拉汉姆·吉布斯(Graham Gibbs)在他的《从做中学》(*Learning by Doing*)一书(1988年出版)中提出的一个过程。

[2] 这本极具影响力的畅销书由美国习惯学院创始人詹姆斯·克利尔(James Clear)撰写(2018年出版)。

成良好习惯和改正不良习惯提供了出色而清晰易懂的建议。特别是，该书展示了如何通过做出微小的改变从而创造改变生活的结果。如果你对开始你的革命持认真的态度，那么该书值得一读。

大卫在本书中提出的建议类似于一位经验丰富且才华横溢的私人教练提供的建议。他的建议代表了一个重要而强大的起点。你不会指望上过健身房的入门课程或介绍性的个人训练课程就学会健身。健身需要你将所得到的良好建议付诸实践，需要决心、耐心和恒心。同样，这本书也是你革命的宣言。它不是革命本身，而是行动的号召。你的革命现在就掌握在你的手中。艰苦的工作现在开始了。它需要决心、耐心和恒心（以及一些优先排序、计划、批判性的反思，或许还需要培养"原子习惯"）。

祝你好运 —— 革命万岁！

英国卡斯商学院（Cass Business School）教授

克里夫·奥斯威克（Cliff Oswick）

解放！挣脱世俗平庸的枷锁！其中没有流血，但会有隐喻性的战斗发生。因为你的个人革命将挑战既定的处事方式。你已经受够了你商务活动中的现实，你将彻底变革你的工作周。

在许多方面，你的革命是一场无声的革命，你已经决定将其作为自己有效工作的特殊方式。你必须发展为你自己量身定制的革命，以适合自己的情况和环境。你没有特别的必要告诉他人你正在提高和改变。

本书可以显著改变你的商务活动。你有无限的机会可以提高你自己的表现以及你的组织的表现，但应该从哪里开始呢？本书概述了克服日常挑战以取得立竿见影效果的简单方法。当然，本书不是一本维修手册，因此，你必须弄明白如何应用与你的工作环境以及工作岗位相关的研究案例。但这样做的结果将是获得解放！

我无法确切地告诉你在周一该做什么 —— 这样做的规定性太强了。但我可以向你提供实用的日常和长期战略建议，从而帮助你应对你的工作周。这将为你使用的财务工具（这些财务工具是你商务活动的一部分）提供一个有价值的补充。我认为你会理解所分享的经历并感同身受，而这些经历将促使你采取行动。

为了实施"周一革命"，我假设你拥有一定的权威和控制力。按照常规的说法，我们可能是在谈论资深经理人、首席执行官、董事长等。要不然，我觉得我可能会引起那些认同这些想法但却无力推动事情向前发展之人的挫败感。

然而，如果你尚未拥有书中一些例子所描述的职位，请不要担心。在你做好准备并以正确的方式开始行动之前，暂且搁置这些想法。这比试图改变某种你已经开始并且需要修复的事情要好得多。

革命者严于律己，并且专注于最终的结果。为达到这一目的，请应用贯穿本书始终的那些准则。随着各章内容的展开，你会在许多故事和轶事中认出这些准则。

· 明智地投入时间。时间总是供不应求，并且无法储存到另一天。它是一种宝贵的资源。革命者每周都把时间花在正确的事情上，以此提高取得有效结果以及最大满足感的机会。

· 找到更好的方法。在你周围，有大量例子说明有更好的方法可以解决你自己的问题并创造极具吸引力的机会。要学会向外看。

· 简单而非复杂。革命者清楚自己的使命。太多的不确定因素会增加你失败的概率。要避免陷入这样一个陷阱：试图用复杂的解决方案解决复杂的问题。不管你做什么，说什么，都要简单明了。

· 就是现在，而不是稍后。有效工作的敌人是拖延。现在就开始行动有什么问题吗？

· 基于证据做决策。有时候，几乎没有什么可以作为依据。但这种情况很少出现。更有可能的情况是，事实摆在眼前，但被情绪所压制。坚强点，去寻找证据以支撑决定。在你做出决定之前，你怎么会真的知道呢？

·积极的心态。没有信仰的革命者永远不会取得胜利。你也一样。

"周一革命"是在一周的第一天运用的一种心态。它是一种隐喻，影射我们认识到有些事情现在需要改变。它是一种方法，依靠简单的步骤以获得立即完成任务的各种聪明方法。

商业世界纷繁复杂，这种情况不会马上结束。日益增加的信息量、颠覆性的竞争以及对执行时间不断增长的需求都说明：组建和经营一家公司需要采用一种新的方式，传统的方式已经不再适用。

改变很少会突然到来，它是一个常量。改变的步调可能会有所不同，但它从未停止。认识和承认是行动的动力，而行动能够应对挑战并将它们纳入你的日常生活。这是一段艰苦且没有终点的旅程。但这就是生活激动人心的原因。在我商业生涯的早期，我常常认为，我只需应对当前的挑战，某种形式的稳定状态就会随之出现。若干年后，我意识到这就是稳定状态！解决持续不断的干扰和困难是强势公司得以建立的方式之一。它们成了企业基因的一部分。

从一个组织的中层甚至高层着手改变这个组织并非一件轻而易举的事。然而，我们可以采取一些显著提高生产力、工作日的表现和工作满足感的步骤。进化是这个世界数百万年来的发展方式。但我们每个人没那么长时间。可能性很大的情况是，你的工作模式漏洞百出，如果要让事情朝更好的方向发展，就需要一种更加激进的有效的方法。

这就是"周一革命"。

我在大大小小许多企业工作过。其中一些企业非常成功，一些不那么成功，还有一些破产了。在漫长的工作生涯中，我得出的结论是，把简单的事情做好更加值得，而且无疑更加有效。长期计划、实施步骤、审批流程等都需一步步推进，但不能以迫切改善以及期待工作周的能力为代价。对我来说，有一个理想的测试：这就是当你在周日晚上想着即将到来的那几天时，你内心的感受。

而且，一周时间里往往挤满了一大堆不太重要的内部和外部会议，或者是一些烦琐、耗时的任务。然而，它们就在你的日程表上，令人沮丧地提醒你将要发生的事情。

我记得为校足球队踢球意味着我每个月至少有2次可以逃避物理课（我因为不喜欢物理课老师而不喜欢物理这门课）。不幸的是，我没能通过物理课考试，最初的逃避最终带来了惩罚。这就是许多人在工作周前夕的感受。没有足够的亮点，却有太多的事情不得不去完成。人们不是在享受而是在忍受他们的工作周。但不一定非得那样。一个人拥有了积极的心态和一些新想法，就有可能成为一个更出色、更高效的人。而这也意味着更满足、更快乐——这最终是我们所有人都想要实现的。人生苦短，我们尽量不要在回首往事时后悔没有早点改变我们的生活方式。

"周一革命"就是改变你个人的工作方式和生活方式。"周一革命"就是掌控时间并把时间花在重要的事情上。完成重要事情可以带来巨大的满足感。

在很多方面，"周一革命"就是面对真实的自己。我们有很大的能力误导自己。这往往十分微妙，以至于我们相信自己对自己的欺骗。我们耽搁、拖延或者得出阻止我们采取行动的假设性结论。毫无疑问，我们面对最大的障碍之一就是自我怀疑。这是我们大多数人似乎为困难和充满挑战性的时刻所保留的一种内在恐惧，常常会阻碍我们前进。

我们要做的每件事并非总能取得令人满意的效果。不可避免的是，我们需要面对我们不期望面对的必要任务。可是，与其将这些任务往后拖延，倒不如尽可能快速而有效地处理它们，然后去做其他事情。我们不能让这些被搁置的事情占据宝贵的思绪，同时又因为不做这些事而忧心忡忡。

我们都知道有一种将别人甩在身后的速度完成工作的人。他们聪明得多或工作时间更长？通常不是。他们是这样一种人：拥有自己版本的"周一革命"并将其运用于自己所在机构的规则和文化之中。简言之，他们已经明白了如何把事情更有效地完成。

我们将对各种日常任务和话题进行探讨，你可以运用这些任务和话题彻底改变你的工作方式。我将涵盖所有那些可能会妨碍我们的挑战性领域，以此提供我在自己的"周一革命"中所运用的真正的实用建议。

本书将改变你对那些真正重要的事情的看法，并帮助你以一种高度省时的方式实现你的目标。你会在每节的末尾发现一个总结，它为帮助你解决那些重要的日常问题提供参考。

目 录
CONTENTS

第一部分　人员

第一章
谁是负责人：好领导，差领导

　　我们都能回忆起曾令我们尊敬、害怕或厌恶的领导。有些领导对我们的生活产生了重大影响，这种影响往往拓展到了工作之外。这些是理想或糟糕的管理行为的真实例子。毫无疑问，我们曾经对自己说，如果我们有朝一日成为领导，我们会记住这些时刻，并尽自己所能去管理别人，就像我们希望得到的对待一样。

　　我从一家灯泡工厂的生产车间起步，最终成为许多公司的首席执行官和董事，在这个过程中我犯过很多的错误。现在，我回忆起做过的一些事情会感到匪夷所思，但当时我认为那是最好的做法，但现在想起来却很后悔。

　　例如，我经历过这样一个阶段：在面试结束时告知求职者他们没有得到这份工作，之后我会解释原因。不出所料，这导致了一些求职者很愤怒，或者很伤心。在我看来，我的做法似乎是合适的，但大多数人更愿意接受邮件通知的方式，而不是被当面拒绝。

很多年之后，我仍然会遇到一些我早已忘记的人，但他们依然记得我曾对他们进行的一场面试。他们之所以还记得，不一定是因为他们在30分钟的面试后被残忍地拒绝了，而是因为我直截了当的问题令他们始料未及。对一些人来说，这是一次很好的经历，而另一些人则觉得很可怕。当时，我可能只聘用了那些更加自信的求职者，而如果采用一种更聪明、更体谅人的方式，则可能会产生一支更加多元化的员工队伍。我现在意识到了这一点。

我希望自己从错误中吸取教训，并在过去这么多年中有所提高。当我成为一家大型组织的领导者时，我并没有忘记身处企业一线是什么样子，也没有被所谓的"高级管理层"所诱惑。我从来都不完美，但我认为，我一直都知道企业一线在哪里，当情况需要的时候，我会欣然加入。

我之所以这么说，是因为我常常发现，在一些组织中，领导者和企业一线之间似乎存在一种"临界地带"。但这里有一个相反的例子。

多年来，这家公司在领导团队和从事实际工作的人员之间建立了一种纽带。在这个例子中，一线由高技能人员、重症专家和社区护理专家组成。

这是一家在非常艰苦的环境中全天候运营的公司。这家公司身处一个资金和资源都非常紧张的行业，它需要一种凝心聚力、团结一致的做事方法以及强有力的领导者。公司的管理团队创造了一种了不起的工作实践模式，非常值得分享。

经理们可能从一线消失，而让其他人去尽力"救火"和处理问题。但这家公司不会发生这种情况。该公司的运作方式让员工们得以展现自己真正的实力和潜力。我在很大程度上确信，这一定是从该团队领导者那里习得的行为。员工们真的会以领导者为榜样。如果领导者与他们的团队接触，并以积极向上的方式促进员工的挑战，就会被人发现。你会相信吗？他们的行为往往会被一路模仿下去。

这家公司拥有董事会和一位经验丰富的董事长。董事长并不容易，需要得到其他成员的信任。你的情况可能正是如此。又或许你的公司才刚刚起步，还未设立董事会，别在意。

"周一革命"的形式、形态和规模不尽相同。重要的是员工们的支持。不参与一线事务的后果可能是员工流失和士气低落。这确实是一个悲剧，但这个悲剧比较容易避免。

如果你想使你的公司获得更好的发展，就请你花时间和员工待在一起，他们是你的组织取得成功必须依靠的力量。而且你不能以象征性的方式来做这件事。你应该参加员工会议，与员工一起会见客户，在酒吧里为员工的啤酒买单，等等。这种事有时候让人感觉很别扭，但不得不做。你只有一条路可以走，那就是勇往直前。知道在重要的时刻出现，是领导力的表现。

我在英国首都电台（Capital Radio）工作期间，首都电台收购了许多其他广播公司。在有些情况下，我们作为新的所有者受到了欢迎。成为一个更大组织的一部分让他们看到了更多的机会，但情况并非总是如此。我访问其中一家广播公司，我向员工们问好并表示可以回答他们提出的任何问题。我站在一大群人面前，他们很清楚地表示，看到我他们并不是特别高兴。没有人问任何问题，最终，当地的负责人说存在很多历史性的所有权问题。他们是一群骄傲的人，不希望被一家总部设在伦敦的公司拥有，认为这家公司很有可能会破坏他们作为地方广播公司员工的身份 —— 就像过去发生的那样。

当地的负责人说，有人匿名向他提了一些问题，他要问我这些问题。其中，一个问题是，为什么人们可以靠在麦当劳烤汉堡馅饼赚到更多钱？

我没料到他们会如此坦率。也许，在我到访之前，他们就已经明白，这是一起有实无名的"收购"。仅仅在我的同事中使用"收购"这一个词就已经被他们解读为负面信息了。我同意将来访问这家企业，并参加一些活动，前提是这些活动有益而且有一定的趣味。获得他们的信任花了一段时间，但随着时间的推移，这对我们所有人都有好处。

从下周一开始就让员工们看见你。小小的努力将改变你的地位和你的企业。不要做那种只在出现错误时才现身的领导者。庆祝他人的成功不是软弱的表现，而是良好实践的一部分。

行动指南

（1）领导力就是要意识到什么时候该现身。除非员工知道你是谁且了解你的立场，否则你就无法管理好一个组织。

（2）花时间和一线员工待在一起。尽可能地了解每位员工以及他们是如何度过自己的一天的。你的直接下属可能会抗议说这是在逐渐削弱他们。请确保这不是在逐渐削弱他们，但不要让这种可能性阻止你与一线员工待在一起，了解他们每个人以及他们如何度过自己的一天。

（3）在你的工作周中制订一个计划，努力成为一位让员工见得着并与他们保持联系的领导者。太过忙碌而不与员工保持联系是不好的。但也不要抢了风头！

第二章
消息的可靠来源：你传达的信息

人类是高度社会化的群体，而且喜欢交流。孤独和寂寞毫无疑问是需要避免的，如果可能的话，要不惜一切代价避免。我们有可以正确地理解这一点的工具：共同的语言和文化。沟通没有成文的规则，但我们从小就知道沟通大概指的是什么。

就像生活和商业中的许多事情一样，沟通并不简单。我对良好沟通的看法可能与你的看法不同。但无论你对此的看法如何，喜欢更多的信息还是更少的信息，我都从来没有听到有人抱怨他们的领导沟通过度。"他们只是不断地告诉我们太多东西"。

本章其实只是想让你知道几件事。确认你所做的一些事情是否在正确的轨道上；有些想法你可能没有去实践，如果你实践了或许会有帮助；要赢得"周一革命"，你就必须把你的信息传递出去，否则什么都不会改变。

我曾与一些人共事过，他们的沟通理念仅仅是讲述。我的意思是，他们的沟通没有互动或对话，更像是你可能听到过的，律师在法庭中代表他们的当事人宣读的声明。这样的沟通很少能引起共鸣，也不可避免地会引发一些仍未解答的问题。

在工作场所以及其他地方，沟通在某些方面似乎已经成了一种挣扎。公司纠结于该说什么、怎么说以及什么时候说。不做沟通难道比拙劣或误导性的言辞更好吗？直到裁员发生之前，始终含糊其词，拒不承认裁员将会发生，这难道是更明智的做法吗？或者直言不讳地表示裁员是有可能的，并以此吓唬所有人？你是不是通过高级管理咨询过程来接受最佳的做法，结果却使答案变得模糊不清，让团队好奇接下来会发生什么？一些事？任何事？什么事都没有？

在首都电台，我的前任领导拥有良好的沟通口碑。幸运的是，我可以向他学习。我很享受这样的挑战：把信息传达出去，并被人质疑我刚刚说的话。许多人并没有和我一样的热情，而且不幸的是，资历的增加往往会导致自我孤立以及与他们应该亲近的人保持距离。

随着职业生涯的发展，我逐渐采取了与退缩和自我孤立相反的立场。这很有趣，因为直到我二十来岁的时候，我都是害羞得无可救药。但随着时间的推移，我的信心逐渐增强，并且我乐于让每个人都知道发生了什么以及事情发生的原因。如果有疑问，我会多说话而不是少说话。我试图通过为可能出现的情况铺平道路，从而避免让人吃惊：

"好的，各位，预算时间快到了，销售也很困难，我们将谨慎行事，并假设这种情况会持续下去。我们必须负责任地小心谨慎。我们正在尽我们所能建立业务，但我们不能假设市场会发生变化。所以请不要考虑更多的员工或增加的成本，因为我们今年不会这样做。恐怕，那些激动人心的新项目还得再等等。"

这是我给我们伦敦总部300多名员工的定期情况更新中的一部分。除了我之外，还有许多人将会发言，简要介绍最新情况，并且我们都回答了问题。

我遇到的问题是，公司其他1500名员工都不在大楼里。他们分布在西部地区①及苏格兰中部地区。因此，我决定做两件事。和我的同事们一样，我定期访问我们公司的所有其他办公地点。但为了确保当前信息能够在尽量短的时间内迅速传达给每一个人，我们创造了"马嘴"②（The Horse's Mouth）。

我就是那匹"马"，如果你是从我这里听到的消息，你可以认为这是重要的、真实的而且正在发生的消息。我与我们每个办公地点的负责人通过电话会议来传递信息，有时也会以分组的形式。发言

---

① 西部地区是英格兰西南部地区的非官方说法。——译者注
② 喻指"消息的可靠来源"。——译者注

之前，各个负责人都会向他们的团队征求问题，并让我回答。我们对所有电话会议做了记录，以便我们可以确保我们讨论了共同的主题，并且在需要的时候可以用更具体的答案来回应。

此外，我们还使用电子邮件来支持我们的沟通，偶尔也会使用视频。但很多有意义的事情是面对面的，或者是离我们最近的。我们建立了一种支持不把事情累积起来的文化。我想避免因消息累积而无法及时解决问题。

我记得在我还是一名工程制图员时，在试用期考核会议上，我被解聘了。作为一名新人，如果我能被告知我的不足之处，也许我就能加以改正了。但是没有人告知我，结果我被解聘了。

我个人的做法要透明和直截了当许多。我总是让下属知道我是怎样看待或评价他们的。这样，考核结果便不会出人意料。很多时候，人们在考核会议中常常如履薄冰、战战兢兢。为什么呢？因为在那次会议之前，他们真的不知道自己是如何被看待和评价的。根本不存在真正的交流。"我以为我会被解聘，但他们说了好话，并给我加了薪。"天啊！这是多么可悲的公司经营方式。

如果你是那种一想到站在员工面前就怕得要死的领导，你需要得到帮助。因为这是不可避免的。沟通和领导力是密不可分的。过去，我总说任何人都可以带来好消息，但现在我发现这种说法出了岔子。如果你认识到自己需要帮助，那么就去寻求帮助，这些帮助可能会带来显著的改进。找一位专家来提高你的技能并建立你的信心。

　　儿童和青少年时期的我是一个长着一头姜黄色头发的愚蠢孩子，没什么信心。我讨厌在课堂上大声朗读；校内演出和集会对我来说是"禁区"，为了避开这些场合，我甚至请病假。步入工作岗位后，我需要在正式场合发言，一开始，我能做的就是写一份讲稿，不抬头地照着稿子念。后来，公司的要求是以图表和自由形式的演讲面对听众。那时，我在演讲之前的几天甚至几周里常常失眠。

　　但幸运的是，当我在老板的建议下，和他一起去参加一个为期两天的课程时，"救星"出现了。我们的培训师非常出色，他让我有信心发表演讲，即兴表演，处理问题，表达我的主要观点。我花了很多年时间去改善，但我已经完成了从完全回避沟通到积极寻找沟通机会的转变。当我不与人沟通时，我会想念沟通。这是一个非凡的转折。这证明，不管我们对自己的能力持有怎样的看法，但有时，其他人更能够看到我们的潜力。

　　作为一名领导者，沟通不是可有可无的。人们需要定期的信息，如果你是一家上市公司的掌舵人，发布信息的日程表将作为记录对外公布。任何可能影响股票价格的因素都需要在获悉后对外公布。否则，这些股票就会在所谓的假市①中交易。而这是不可接受的。就像我的董事长过去常说的那样："把这搞砸了，你就得进监狱。而你不

_____

① 当股票价格受到错误信息的操纵和影响，价格谈判受阻时，就会出现假市。这类市场往往会受到波动的影响，因为市场的真实价值被错误信息所掩盖。——译者注

会想和我待在同一间牢房里。"他说得对！

　　上市公司大多保留了一家专业沟通公司的职能，以帮助管理信息和物流。这些工作通常与首席执行官的内部团队一起进行，以便把所有工作安排得妥妥当当、井然有序。对我来说这很管用。我们拥有一支优秀的团队，我们在发布信息的日子采取简单明了的行事风格。清晰的信息有支持性的证据和经过充分排练的问答计划作为后盾。

　　一个我用过很多次的技巧是，总是要写一份简洁的、一页篇幅的新闻稿。倒不一定是因为这份新闻稿会被公布，而是为了提供清晰明了的重点内容。人们的想法是，如果你不能在一页篇幅的新闻稿中写出合理的解释，并使你的解释说得通，那么你将要做的事可能是一个坏主意。

　　有的人认为我是一个善于沟通的人，能够传播清晰、简短、及时、诚实的信息并能够耐心接受提问。也有的人认为我生硬、笨拙、粗暴，有时候不顾及他人的感受。信息本身没有问题，但包装一下，传播效果可能更好。我正在为此努力。

　　我曾与许多令人印象深刻的人共事过，比如我的朋友，首都电台的前董事长理查德·艾尔（Richard Eyre）。我常常希望我能拥有他那样的口才和措辞。在向一名同事提出批评性的评价时，他会说："我想帮你避免我犯过的错误。"很遗憾，这样的话不太可能从我嘴里说出来。

　　我相信，做那种员工见得着且易于接近的领导者通常是一件好事。我们都和一些员工共过事，或者认识一些员工，这些员工无法告诉你管理层是什么样子，也无法告诉你管理层的人整天都在干些什么。我特意把我一周的工作安排告诉我的员工，但这么做有时候会让你在最意想不到的时候陷入困境。

　　在几层楼之遥运营我们其中一个电台的那些家伙邀请我参加下班后的宴会，庆祝一个人的生日。我很享受这样的时刻，因此我很高兴到场，同时我意识到可能需要简短地说上几句。那一次我不需要发言，但团队成员非常希望我能见一个人，很不幸，我没能把这个人认出来。我以为他是团队的一名新成员，因此我问他是不是项目部或销售部的同事。他用美国口音回答说他既不是项目部的也不是销售部的。一时之间，我们周围的那一小群人都被逗乐了，震惊之中带着尴尬。"我是坎耶·韦斯特 ①（Kanye West）。"他自报家门。"你当然是，我再给你拿些香槟。"我说。

　　我经常为一家名叫"学校演说家（Speakers for Schools）"的慈善机构发表演说。他们要求我在公立学校的各个场合发表演讲。我总是讲上面那个故事，它总能吸引青少年的注意。是的，我和各路明星打交道，但我不知道他们是何许人也。

---

① 坎耶·韦斯特，1977 年出生于美国佐治亚州亚特兰大市，说唱歌手、音乐制作人、商人、服装设计师。

但不要因为古怪的糟糕演出而放弃。沟通十分重要，它不应该被随意对待，或者被视为某种可有可无的东西。没有人指望你成为英国前首相丘吉尔或英国女王伊丽莎白二世的会议主持人。但沟通的艺术和技巧是打开许多扇门的钥匙，如果没有这样的钥匙，这些门就会一直关着。

行动指南

（1）承认领导力和沟通是不可分割的。

（2）永远不要因认为人们知道发生了什么而觉得没有必要去解释，他们事实上不知道发生了什么。

（3）就"定期沟通应该是什么样子"的问题与你的团队讨论并达成一致。制订一个计划，告诉团队成员应该期望什么，并实现它。这真的没那么困难。

（4）要认识到，在遇到困难时，沟通需要加强 —— 不管是对你的员工还是对其他人。当人们期待见到你时，不要消失。

（5）尽情享受这种体验。因良好的沟通能力而为人所知是一种巨大的荣誉，并能真正将你与其他选择回避这一重要领导力和技能的人区别开来。

第三章
加入我们吧：聘用

"我们发现聘用优秀员工真的很难。"这样的话你听过或者对自己说过多少次？更糟糕的是，有的人以为自己聘用了合适的人，结果却发现他们并不能让自己满意。

第一次工业革命已经过去很长时间，英国经济现在主要以服务业为基础。部分岗位被机器取代，导致招聘有较高技能的员工成为大多数公司的头等大事。不仅需要招聘合适的人员，还要确保他们保持干劲，与公司一起成长。

社会已经有了很大的进步，你手下互补和多样化的劳动力应该反映出这种不断发展的事态。但它不太可能单独发生，你必须拥有正确的原则。

那么，一家公司应该如何着手提高他们聘用优秀员工的机会呢？大多数公司都可以做很多事情从而使有利于自己的情况更有可能发生。这涉及审查整个过程并确认所选择的方法是确定和审查合适的求职者的正确方法。

这听起来很明显，但作为一个起点，请确保你的公共形象给人留下良好的印象。如果你的公共形象达不到求职者的预期，你就可能会失去优秀的求职者。有谁想加入一家没有花力气以正确的方式展现自己的企业呢？这与费用没什么关系，更多的是与意识有关。有太多人抱怨自己公司的线上形象："对不起，我们的网站太糟糕了，我们应该对其进行更新。"

我定期为商界领袖举办研讨会，其中一个研讨会围绕的是如何建立高效能团队。要在这方面取得成功，你必须首先聘用合适的人员。在我举办的研讨会上，我分析了所有到场公司（通常在20家左右）的公共形象，结论是，受到追捧的顶尖人才更可能想为一家具有吸引力（至少表面看上去如此）的公司工作。

当我开始解释我的结论时，与会人员往往显得十分尴尬，担心他们的公司会因为形象不佳而被我挑出来。我没有那么做。我只是突出了两家呈现出一种吸引人的形象的公司，包括一家来自英国伯明翰的工程公司和一家来自英国剑桥的生物技术公司。这两家公司的代表都因企业形象被认可而感到由衷高兴。

在我作为商务总监加入首都电台时，我对公司形象一度有些失望。在节目中，这家公司总是乐观得令人恼火。然而，他们的实地接待区却是一片脏乱，到处都是劣质的商品。尽管如此，我还是加入了这家公司，但我让这种情况发生了改变。我记得我曾问过当时的首席执行官理查德·艾尔，当听众和广告客户进入公司大楼时，他有没有注意到他们脸上失望的表情，他们期待受到与首都电台形象相称的欢迎。当我们搬到伦敦市中心的莱斯特广场时，我们采取了补救措施，从此这不再是一个问题。

排在公司形象之后的第二件事是清楚地知道你希望员工做些什么。不光是现在，将来也一样。如果他们要取得进步，并且需要更高水平的额外技能，在招聘阶段就必须确定所需要的特质。我和一些公司合作过很多次，这些公司将一位高管提拔到一个高级职位，并期望他能拥有他们从未拥有过的技能，或者是他们从来没能轻易培养而且很可能永远也不会培养起来的技能。

很抱歉，但有些会计师、工程师和信息技术人员永远不会成为优秀的销售人员。当然，销售人员也永远不会成为优秀的会计师、工程师和信息技术人员！然而，当这些人被晋升为合伙人或董事时，这往往是人们期望他们做到的。失望、压力和焦虑不可避免会随之而来。

有的工作职责说明与工作要求不相符，可能是因为该工作职责说明只是对前段时间起草的一个文件的修改，或者可能是人力资源部门某个人拟定的充斥着陈词滥调和企业用语的内容。准确描述符合工作要求的那些技能和经验真的非常重要。

各家公司之所以苦苦寻觅"真正优秀"的人才，是因为他们压根没有花足够的时间去考虑他们真正需要什么。当你看到人才时才知道他们是合适的人选，这可不是一个成功的策略。

下一件事和前两件事一样关键，往往也是招聘错误经常发生的阶段。如果你要收购一家公司，当对方说他们是一家始终赢利的企业时，你不会把他们的话当真，对吧？当然不会。你会进行大量的尽职调查，确保你没有买到一件一文不值的东西。但是，在聘用员工时，有一个很大的倾向，那就是依靠个人判断和直觉。个人判断和直觉当然很重要，但必须有证据作为支持。而收集关于求职者的真实能力的信息可能非常困难，但并非不可能。

面试时，我有一组问题直接关系到我将如何判断求职者的表现。我会举一些例子，比如公司可能面临的一些情况，接着我会询问他们将如何应对。我会要求求职者向我讲述他们曾经是如何处理类似遭遇的，我还要求他们提供证据来支持他们的答案。

重点是，强调让他们提供证据，而不是你去寻找证据（但是你自己当然会进行尽职调查）。为了对此加以补充，在这个过程中要加入一些该职位所特有的练习。如果工作要求他们写董事会报告，就让他们为你写一份。

参考其他人，如果不是现在的聘用者，那就是以前的那些聘用者。现如今，这件事变得越来越困难，但如果有人愿意提供相关信息，就会有所帮助。

另外，还可以借助专业的外部帮助提供独立的评估。就我个人而言，我倾向于通过心理测试来揭示诸如精力、水平、问题解决能力和其他在面试中并不显而易见的重要特征。

我最近和一家公司讨论了这种方法，这家公司在吸引并留住合适的人员方面成绩不佳。到目前为止，该公司认为，你不能质疑和挑战资深求职者，因为他们高高在上，这样做会冒犯他们。据我所知，他们不是唯一一家采取这种态度的公司。

这些公司的招聘人员会对求职者进行面试，共进几次晚餐或午餐，然后决定是否聘用。不出所料，这样做并不是特别成功。我自己正是通过这种方式被聘为非执行董事的。有一种假设认为，因为我是一家企业中的一位成功董事，所以我是进入他们董事会的合适人选。当然，我也分担了责任，以确保这种说法从我这方面而言是站得住脚的。我不得不说，在很多情况下，这对我们双方都不利。

但让我们回到中心要点：避免陷阱，并提高成功招聘的概率。经常出现的一种常见情况是，资深人士可能会去一家规模较小的企业应聘。大鱼小塘综合征很有吸引力，我明白这一点。在一个庞大的组织中迷失和被忽视的人，在一家规模较小的公司工作却可能有很多成就感。情况通常是这样的：

> "我们有一个好消息，一位来自谷歌（Google）公司的资深人士申请了我们公司的首席营收官（Chief Revenue Officer，简称CRO）一职。我没想到这样的人物会对这一职位感兴趣。但我已经和他见过面了，他真的很热心，他想在一个规模较小的公司工作。另外，他拥有非常好的人脉资源。"

对于一家小型公司，能够从知名大企业中吸引那些可能拥有很多职业选择的人才，这是一件非常令人欣喜的事情。告诉股东和投资者（如果你有股东和投资者），你的公司被认为是一个值得去的地方，这种感觉一定棒极了。

这些求职者告诉我们的正是我们乐于听到的那些话。他们说的话肯定是真诚的。迷失方向的大公司充斥着扼杀创新的企业规则，从其他地方引进的内部法规并没有帮助。因此，现在是他们在快速发展的世界中施展才华的时候了。

我见过在一些公司表现得很好，而在另一些公司表现却糟透了的人。毫无疑问，获得人才能够产生非常积极的影响。不仅是那些资深人士，还有那些在大公司中接受过高成本培训的人员，后者希望跳槽到所受限制较少的地方。

一段时间之前，我以候补董事长的身份加入了一家刚刚成立的公司。该企业是一家科技公司，专门从事视频制作，已经吸引了很多外部投资。作为我入职仪式的一部分，公司首席执行官要我与各名团队成员见面。富有创造力的信息技术男符合人们的刻板印象。身穿连帽衫，眼神交流有限，所用词汇表明他以为我对编码非常了解。要是我有这样的知识就好了。尽管如此，我们还是很享受在一起的时光，我们一起在屏幕上建立虚拟世界，并讨论技术的商业应用及其对客户的吸引力。

接下来要说的是那位首席营收官，他曾在一家全球科技公司工作了近十年。他魅力十足，而且十分友好，大家很愿意和他待在一起。他解释了他是如何进入这家非常小的公司并组建团队的。团队的成立是对公司计划的一个非常重要的支持，到目前为止情况还不错。

我们对照企业计划查看了营收情况，两者的差距很大。我们讨论了这方面的挑战以及创造销售的现有举措。显而易见的是，这些来自大公司的员工在针对新市场提出销售建议方面毫无经验。他们的人脉并不适合这家小公司，所以他们在加入公司后无法调动以前的人脉资源。

此外，他们以前的经验都是反应性的。我的意思是说，收到的简报被分发下去，它们的作用是以一个符合要求的提议作出回应。在伦敦的街道上穿梭，与新的联系人多次会面，完全不在他们的考虑范围之内。

"你实现了多少销售额？"我问了首席营收官。"这不是我的工作，"他答道，"我的工作是管理团队。"这真的说明了问题。他们都离开了公司，我也离开了。首席执行官把我的参与比作他的作业被批改了。他没有很好地应对问责。我祝他好运。

但我也在那些员工态度要积极许多的公司工作过，与那些在一个基于规则的环境中不那么安分的人一起工作过，或者与那些觉得自己在晋升上被不公平地忽略了并且承认自己的未来可能最好安排在其他地方的人一起工作过。这些人常常发展得很好，我在很多场合见过这种情况。有趣的是，他们经常推荐以前的同事加入自己现在的团队。这对他们现在工作的公司是一种巨大的支持。

了解这两种情况下的动机非常重要。有时候，你可以聘用那些会在较小的公司环境中获得成功的资深人士。这些人能够适应一种更加事必躬亲的负责任的生活方式。他们不需要大公司的支持和资源。同样，全球化企业中训练有素的专业人士可能会在一个很宽容的组织里工作多年。当他们最终被迫继续前进时，接手的可能是小公司。

"嘿，我们刚从家乐氏①公司招聘了一员悍将。"结果却发现家乐氏公司最终自己咽下了业绩不佳的苦果，而他们的"问题孩子"刚刚被你"领养"了。

行动指南

（1）第一印象很重要。确保你的企业形象是良好的。

（2）用清晰、积极和动态的方式描述职位。如果它读起来像是一个不明白自己在做什么的人所描绘的一份工作，你就不可能招聘到理想的员工。

（3）对前2条行动指南承担个人责任。

---

① 家乐氏（Kellogg's），美国一家大型食品公司。——译者注

（4）要求求职者提供证据以支撑他们的主张。如果他们做不到，就不要聘用他们。进行你自己的调查。

（5）拥有一个经过验证的聘用流程。运用测试、心理学家和实践练习。优秀的员工是不会介意的。事实上，你的尽职调查会给他们留下深刻的印象。

（6）聘用员工就是一场赌博。增大可能性，尽可能获得最好的结果。记住，员工刚刚上岗，还没做好准备，就让他们从事困难重重的新任务，直到某个毫无意义的试用期考核会议，这不是最好的办法。

第四章
胡萝卜加大棒：薪资与奖励

在我担任首都电台首席执行官的 8 年任期开始没多久，我就面临着一个重要的决定。克里斯·塔兰特（Chris Tarrant）是我们的头号播音员，他的《伦敦早餐秀》（*London Breakfast Show*）节目带来了数百万英镑的广告和赞助收入。他与我们有一份固定期限的合同，合同期还剩下一段时间。他的经纪人预见到了谈判，并从与我们势均力敌的竞争对手之一——心电台（Heart FM）手中得到了一份书面报价，如果克里斯·塔兰特加入他们而离开我们，这份报价将使他的年薪翻一番，达到 100 万英镑。

老实说，随着其他一切情况的发生，我原本真的不赞成这么做。此外，他的公关团队还向《每日邮报》（*Daily Mail*）投稿，称他对之前与我们的合作感到不满，并希望作出改变，以此向我们施压。公司股价因此出现变化，我必须解决这个问题。

我必须吞下苦果，但会是什么样的苦果呢？

提拔另一位播音员？在市场上寻找替代者？还是和克里斯做笔交易？正如你所料，我们仔细考虑了这些选项。我在下次会议上与董事会成员讨论了这一情况。

一位董事说："支付第一笔百万英镑薪水永远是最困难的。"他曾在一家银行工作，我以为对一家银行来说这只是零用钱。

这似乎使主流态度朝有利于克里斯留任的方向转变，坦率地说，这是我喜欢的选择。经过反复讨论，我们达成了协议。这很幸运，因为我真的没有备用计划，而且重新挖掘人才总是很棘手。虽然很久之后我们还是这样做了。

最终，我们与克里斯以及他的经纪人达成了新的协议，避免他投入一个咄咄逼人的竞争对手的怀抱。一想到克里斯如果为他们播音，带走他的忠实听众，我就夜不能寐。

我决心与克里斯建立良好的关系（而不是仅仅依靠他的经纪人），同时培养一名继任者。吃一堑长一智，不想再被搞得措手不及。

事实是，我应该了解得更清楚。确定你的关键高管，与他们建立关系，并确保他们不会考虑跳槽的诱惑，这非常重要。

作为一位商业领导者，这是一项首要任务。如果你身边没有志向远大或能力超群的人在开发产品、运营业务或者你的企业所需的任何事情，你迟早会遇到麻烦。

你可以做很多事情来确保员工队伍干劲十足，但最难以妥善处理的事情之一是棘手的薪资与奖励问题。理论上，这应该是一个比较简单的操作。商业世界充满经验丰富的经理人、顾问以及其他随时准备提供帮助的专家。

　　每个行业都有很多先例，然而，我们该给员工怎样的薪资和奖励似乎还是一如既往存在争议。在各家企业问我的所有问题中，"我们应该如何奖励我们的员工？"是最常见的问题之一。以下是一些可能会出自员工之口的，关于薪资的议论：

　　　　"问题是，我不想让自己听起来像个忘恩负义之徒，但我认为我应该得到更多。"

　　　　"我可以在其他地方赚得更多，我现在的工资远低于我的市场价格。"

　　　　"在我这个级别，其他人的工资都比我高。"

　　　　"新人挣得比我们多。"（毫无疑问，你还会非常熟悉更多的类似话语）

　　　　"仔细想想，我觉得我的薪酬太高了。请减少我的薪水。"（我还没有听人说过这个）

　　如果你是领导者，夹在你的上司（也许只是名义上的）和一线员工之间，所有这些都会给你带来痛苦。你不想失去优秀的员工，但你得考虑预算，而且经常是同一批人给你压力。志向远大、能力超群的人自信地认为，自己可以站在一个强势的立场上行事。

就像其他一切事情一样，这也是一个关于人员的问题，总体政策和公司原则在理论上非常理想，但与个人和日常工作环境的关系越来越疏远。曾几何时，一年一度的全员加薪是司空见惯的事情，相同岗位的每个人都得到了同样的待遇，唯一能突破薪资限制的办法就是升职。把涨薪与通货膨胀联系起来，整个想法就很容易被证明是合理的。

我曾在一家公司工作，这家公司为僵化的薪资和奖励制度自豪地辩护。但当遇到下面这种辩护时你会怎么做？

"除了大卫（David），其他人都了解这一制度。全员涨薪以及公司利润额在年底达到新高都与通货膨胀有关。"

这是一个易于沟通的简单制度，员工对此不会有什么争议。

到目前为止情况还不错。直到信息技术开发部的精兵强将们发现，市场对他们的重视程度超过了他们现在的老板对他们的重视程度。毫无疑问，员工的大量离职渐渐开始了，因为邻家芳草绿，隔岸风景好。首席执行官一直在否认，他指责经理人、人力资源部和不择手段的猎头，但不得不面对这样一个事实：他需要对自己激励和留住关键员工的制度彻底反思。

尤其是因为更换员工所需的费用是一笔庞大的开销。新的求职者比离职者薪酬要高得多，前者的离职审批和交接期很长，而且不准备加入一个忽视市场价值和个人业绩的薪资和奖励制度的公司。

这家公司做了什么？哦，它首先必须认识到问题并承认问题存在。这不容易，而且涉及各种各样的讨论，讨论的范围不可避免地变得很广，包括从公司文化直到福利等。我们将回到所有重要的元素，但事实是，除非你找到中心问题，否则，仅仅是添加免费啤酒和员工折扣商品并不能解决这个问题。

优秀的新求职者通常对自己的谈判地位充满信心。

> "你瞧，这对我来说是一个非常重要的决定。这份工作看起来很完美，我知道我会做出很大的贡献。从我所见的情况来看，这是一种优秀的文化，而且晋升的可能性真的会激励我。但基本待遇比我目前的收入要低，老实说，我在寻找一个更大的平台。有很多人联系我，给我更多的钱，我都拒绝了，因为他们提供的职位不太合适。这是我喜欢的工作，但我要你们在所提供的待遇上再上调20%。"

很多求职者都会以各式各样的方式说这样的话。当然，他们想要的至少是市场价或高于市场价，这就意味着公司的固定薪资层级制度将被打破，前提是可以制定一套只针对新员工的不同薪酬规则。或者，公司可以用更少的钱聘用更少的人，但如果你试图发展壮大一家企业（我假设你试图这么做），那么这不是一个好主意。

政府资助的组织是在薪资和奖励方面思维僵化、缺乏弹性的组织的典型代表。岗位、级别通常被用来确定薪酬，岗位、级别都不可避免地为财政预算服务。这些都为日益不满的职工队伍提供了基础，直到只有那些有责任心、有迫切需求和面临挑战的求职者才会接受这些工作。然后，公众会公开对教师的质量和护士数量的不足表示不满，政客们会指责上一届政府，并制订一个追赶的薪酬计划和招聘活动。然后，整个令人遗憾的、可悲的循环又会在几年后重新上演。

这十分短暂，却极具破坏性。在许多行业中招聘人员需要花费数年时间。你不可能在当地的旅客之家酒店（Travelodge Hotel）靠为期3个月的课程就培养出一名医生。如果你让整个行业失去了吸引力，恢复期将会长达数年。这可真疯狂。正如我们从教训中得知，就像俗话说的那样，那些无视历史的人往往会重蹈覆辙。

另外一个我同样不提倡的制度是年度奖金。这种制度通常要归因于银行家。这种奖励方法在金融业以外的很多行业都普遍存在。

大多数情况下，年度奖金似乎是一个不透明系统的组成部分，这个系统与业绩或生产力没有明显的关系。这就是为什么年度奖金被视作一个问题。它们存在仅仅是企业为了提高竞争力。"我们也需要年度奖金。但这并不意味着我们喜欢年度奖金！"其中的勇气何在？

在职场上，每个人都有自己的使命。与银行家相比，护士为人们提供的是一种绝对必要的服务，而围绕这一事实的那些争论 —— 为什么护士（我就娶了一名护士）的收入处于较低水平 —— 基本上毫无意义。公平地说，如果我们不创造财富，不产生税收，我们就无法为任何人的免费医疗服务买单。对于薪资和奖励制度我们可以学习和运用更成功的策略和模式。

我们企业主在现在和未来的大多数情况下，仍然只受制于市场的规范以及员工的期望。在公司的财务限制下，我们完全可以自由决定如何向我们的员工发放薪资。

所有事情都应该在我们的掌控之中，一种开明的方法对每个人都有好处。一方面，我们有能力根据工作时间支付工资，还可以根据需求灵活聘用劳动力。只有在你需要员工的时候才给他们发工资，这是一种有益的可变成本，满足了企业直接的迫切需要。

这需要仔细思量和管理，因为对工人来说，这么做的不利之处是他们永远不知道自己一周能赚多少钱——这对规划支出和支付账单没有帮助。公正和负责任地运用这种奖励方式是为了确保良好的声誉，这将有助于吸引人才。你一定不想成为最后的聘用者。

"我只是暂时在这里工作，在我找到别的工作后就会走人。就他们支付的薪水而言，我靠福利可以生活得更好。"人们在薪资较低时说这样的话，会一直影响到薪资较高的人，甚至影响媒体。这不是你想要的，因为这会影响到各级员工的士气。

富时（FTSE）100指数 [1] 或《财富》（Fortune）100强企业首席执行官的平均薪酬高达数百万英镑。而且薪酬与业绩之间往往没什么

---

[1]　又称伦敦金融时报100种股价指数。——译者注

关系。企业利润和股价下滑，但高管们的薪酬却因各种基本上无法解释的理由持续增长。

最糟糕的情况是，一头是低薪的工人，另一头是高薪的管理者。关于这个问题已经有许多的论述，我无意对其进一步批评。但我想关注几个常见的问题，并提出一些建议，根据我的经验，这些建议完全有可能奏效。它对我本人以及我所在的公司都有效。

首先，坦诚地承认你经营的是什么样的公司。你的公司是那种人们说"麻烦的是，他们的薪水不是很理想"的公司吗？如果吸引优秀人才是你计划的一部分，那么这是一种不讨喜的名声。如果你的公司是一家以薪酬优厚和尊重同事而闻名的公司，那么在我看来，这是很有吸引力的，特别是在竞争激烈的招聘市场。

基本工资是其他福利的驱动力，其中最重要的是养老金（如果你提供养老金），其次是奖励机制和绩效工资。如果你没有跟上市场薪酬水平，你就会掉进这样一个陷阱——给新员工的薪酬比你给忠实的老员工的还要高。如果你不小心，你那些忠实的老员工很可能会发现：要想加薪，唯一的办法就是另谋高就。你要认识到，优秀员工难觅，不要轻易失去你已经拥有的优秀老员工。

避免全员加薪，因为你会不可避免地统一奖励员工，好像他们的工作效率都一样似的。实际上他们的工作效率绝对不一样。你要缩减表现不佳者的加薪比例，提高关键业绩达成者的薪资并使之高于市场基准。几乎在每家公司，加薪都是视情况而定的。然而，很多时候，业绩不佳的员工也仍然能从公司的业绩增长中获益。值得注意的是，那些因表现不佳而即将被解聘的人，往往也获得了加薪。他们还会说：

"为什么你认为我应该离职？你刚刚才给我加了薪！"

妥善处理奖金、激励措施和视情况而定的奖励是棘手许多的问题。如果你不小心，它们就有可能产生适得其反的效果，在最坏的情况下，甚至会造成分裂。另一方面，绩效工资可以提高生产效率。一段时间之前，我是一家公司的董事，在这家公司，因为绩效工资，我们取消了年度浮动奖金。此举带来了一个非常重要的积极影响。

在实行浮动奖金的情况下，没有人知道他们必须做些什么才能得到报酬。到了年底（时间太久了），他们会得到奖金，但这笔奖金往往让他们大失所望。他们的期望没有得到兑现，并且失去了控制。此外，他们怀疑其他人的表现比他们好。我的经验告诉我，这些集合奖金计划大多是没有用的，也不符合目的。

我曾在一家主要由创始人所有的公司工作过。薪酬会议上做出的决定有时基于与会者在公司餐厅与员工会面的亲身经历。以下就是发生在公司餐厅中的一番对话，可以作为一个好例子：

首席执行官："你说，我们明年应该给劳拉加多少薪水？今年应该给她多少奖金？"

人力资源总监："哦，她的主管建议加薪10%，奖金为30%。"

首席执行官："是的，我对此很满意，她是一位可爱的女士，上周我和她聊了聊关于航海的事——没想到她驾船出海了。"

人力资源总监："劳拉的主管建议也给约翰同样的加薪幅度和奖金。"

首席执行官："不，绝对不行！他吃午饭时连自己的盘子都不收拾干净。只能给他加薪5%，奖金为15%。"

这看起来可能不真实，但用这些带有主观偏见的方法决定薪资、奖励还有升职，我已经目睹过很多次。在这些情况下，现有的证据被抛到一边，取而代之的是情绪化的主观看法。这不是"周一革命"进行的方式。

在一家完全不同的公司，我们的一位经理非常清楚，奖励应给予实干的员工，而不是夸夸其谈的员工。"我们决定的是他们有没有履行自己的职责，而不是我们要不要和他们一起去度假。"

对我而言，我工作过的公司不支持给予员工年度奖金和浮动奖励。在某些情况下，我仍在努力赢得这场战斗，因为在许多地方，这些东西根深蒂固，不容易被清除。但把某些事做得更好的逻辑是令人信服的，而维持现状的主张在逐渐式微。

和参加面试的求职者谈论一个优厚的浮动奖金计划，他们通常会认为这个计划毫无价值。这或许很吸引人，但谁知道障碍将被设置在哪里，视情况而定不就是那个意思吗？

工作是一家公司和一个人之间在财务和情感方面的契约。你做这些事，我们会按我们说好的付给你报酬。做额外的事，我们会付给你更多的钱。我们希望你在工作过程中坚持公司的价值观，这包括正确的行为举止以及与你的同事友好相处。

当然，可能出现的情况是，我们对所有这些事情严密定义，并创建一份没完没了的目标清单，但这反而会与本书的宗旨背道而驰。所以，我们不会那么做。

通过运用一些基本准则，你完全有可能拥有一名干劲十足的员工和一个干劲十足的团队。只要确保你清楚地知道你想让员工们做什么，和他们就此达成一致，并为此向他们支付薪水。很多时候，关于奖励的讨论是一年一度的活动，目的是进行一次考核或评估。这绝不是一个好主意，因为一年的间隔期太长了，无法达到较好的效果。

我的意思是说以下情况：

　　经理："今年已经过了5个月，我们的预算落后了30%；看起来不是很好，对吗？"

　　高管："是的。显然我们意识到了这一点，但上季度的销售管道确实很坚挺，我们有信心扭转局势。"

根据我的经验，这种情况绝不可能发生。如果公司的目标业绩以及员工个人的绩效被局限在更短的时间框架中，可能会取得不同的结果。为什么呢？因为早点处理问题符合他们的个人利益。

到最终实现所需的一年的时间跨度，因为预算的原因，符合财务总监的需要。但对行政人员来说，这太久了，没有意义。时间溜走了，命令没有下达，在你意识到之前，越来越小的机会之窗中的目标变得越来越难以击中。所有的一切问题都在积累。

更加可取的做法是根据可衡量的目标，按季度对员工或小团队进行激励。关键的问题是，我们希望这些人如何表现？在未来几周内，我们到底需要他们做什么？聪明的公司知道这一点，并会将其付诸行动。较差的组织（我参与过一些这样的组织）则会自欺欺人地认为，下半年一切都会好起来。然后直到四季度，情况也并未好转。

就衡量成功的各种措施达成一致意见，并根据业绩和结果给予奖励。每个人都知道自己所处的位置，没有令人失望或惊喜。重要的是，你是为了提高生产力。

前段时间，一位与我共事的首席执行官和我一起设计了一个效果相当不错的方案，你可能想试试这个。我们就今年的任务和优先事项达成了一致。内容包括从超额完成预计目标到通过在几个会议上的演讲来宣传公司，应有尽有，大约有10件事。"如果100%完成任务，他可以额外赚取50%的年薪。"聪明的一点是，我们根据优先性对每项任务采取加权算法。每个季度之后，我们会回顾进度；到了年底，我们会统计加权平均数并发放工资。

这种方法的结果是，首席执行官会定期与他的企业主管审查这些优先事项，并按绩效获得报酬。这不是高深的科学，然而很多公司却在这个概念上苦苦挣扎。

我记得一位董事长说："大卫，在理论上，这是个好主意，但它有一个重大缺陷。这个理论假设我们一开始就知道员工应该做什么！"

为了吸引合适的人才，你要赢得富有竞争力的薪资和奖励这一声誉。通过简单透明的机制来鼓励员工履行职责。最重要的是，要让别人看到你公平待人。

行动指南

（1）为你的骨干员工确立市场需求以及奖励。复核他们的工作内容。给他们的薪酬要有市场竞争力，否则你可能会失去他们。

（2）招聘时，要使你的广告、邀请函等比其他人更具吸引力。

（3）提升企业形象。

（4）为每个人设计一个基于薪资的绩效工资方案。是的，每个人。如果你不知道他们是做什么的，也不知道他们为什么在这里，那就省省吧。

（5）在一年之中按季度来考核工作。

（6）确保评价与奖励保持一致。你要为各种形式的行为埋单。

第五章
谁成功了：打造高效能团队

　　人们想要了解如何建立一支制胜团队的渴望丝毫没有减弱的迹象。为什么会这样呢？制胜团队，哦，他们将取得胜利，不是吗？不管你身处什么行业，胜利永远是第一位的。

　　这很有趣，因为我是在一种不同的观念中长大的 ——"重要的不是获得胜利，重要的是参与其中"。在我年轻的时候，大部分人持这样的观念。而在我长大成人之后，很多人认为赢得订单、新客户或销售奖励是重要的事情。失败就等于被扫地出门。

　　用"周一革命"的方法来吸引表现优异的员工，需要一种全面的方法。正如在前一章中详细叙述的那样，公司的外在形象必须引人注目。一家公司枯燥、过时的营销材料和内容陈旧的网站很难吸引求职者的注意。另外，如果工作职责说明缺乏活力，那么公司的营销材料和网站就算发挥了良好作用也会收效甚微。你需要确保你的公司看起来（以及薪资水平）像一家有前途的公司。高水平的人才想要优质的环境。在这样的环境中，他们可以提高自己的表现，并且茁壮成长。

就像商业领域的很多东西一样，你需要一个能解决问题的程式化要求。在某种程度上，它们是存在的。明确企业如何建立成功的团队，并模仿他们的行为，这样可以提供一些答案。但很多时候，许多组织认为，通过采用某些因素，而不是全部因素，就可以迅速实现目标。如果你需要一个制胜团队，又有谁不需要呢？你必须做出一些艰难的决定，确定什么东西已经就位，什么东西需要改变。

不撇下过往的种种错误和问题就想重新开始？这绝非易事。你会拥有同样的人员和过程吗？我怀疑不会。如果你是一家公司的负责人，你会有机会让情况发生改变。

顺便说一句，大多数组织都不喜欢这个想法。进化不是"周一革命"，虽然它很好，但不适合我。我见过一些人行动缓慢，却坚持不懈，直到任务完成。与人们谈论他们的巅峰时刻时，我想说，绝大多数人认为他们应该采取更激进、更迅速的行动。

说到这一点，不妨让我们来回顾一下我工作过和观察过的几家公司。正如我提到过的，我在工作中与许多公司有过联系。这些潜在的令人兴奋的角色是有益的，但偶尔在某些方面会有些不足。

有一次，我以为我们现在要讨论的这家公司会支持我的观点，但事实并非如此。在一次会议上，我提了一个我认为恰当的问题。公司的董事长显然对我的干预感到恼火，他质问我为什么总是提出难以回答的问题。我回答说我以为这就是我在这里的原因。

我对英国手机零售商卡冯－维尔豪斯集团（Carphone Warehouse Group）高水平的管理团队印象深刻。我与这家公司的创始人查尔斯·威廉·邓斯通（Charles William Dunstone）相识多年，按理说，我本不该感到惊讶。查尔斯·威廉·邓斯通是远见、坚韧和魅力的完美结合。除此之外，他还具备许多其他优秀品质。他对人员的聘用和提拔以及他的领导力都在董事会得到了体现，而且他很少出错。从财务总监到所有其他人，这些人都发挥出了他们的最高水平。其中许多人都是长期得到信任的员工，他们在许多年前就开始相信并支持查尔斯·威廉·邓斯通以及他对公司的愿景。

查尔斯·威廉·邓斯通绝对忠诚，并且始终会向他人伸以援手。我记得他描述了在美国硅谷召开的一次会议，目的是给他的商店争取第一代苹果手机的独家销售权。他告诉董事会，毫无疑问，这是团队的胜利，他只是给轮子上了油。对于每一次成功，他都表现得十分谦虚，无一例外地将功劳归于他的制胜团队。然而，当灾难偶尔发生时，他会把一切责任揽到自己身上。他对周围的人都表现出了这种忠诚和宽容，包括公司的长期供应商，他认为这些供应商和公司的关系与公司的员工与公司的关系一样密切。

建立自己的团队之后，我得出了一些结论，我认为这些结论值得分享。无论是从头开始招聘还是挖掘现有的高管，都有一些规则需要遵循，这些规则将会大大增加成功的机会。

　　我曾遇到一位商学院教授，当时他正在研究是什么造就了一位成功的企业高管，尤其是那些已经晋升到一个组织顶层的人，他们拥有哪些特点？我们又该如何识别他们？有趣的是，只有一个特点始终如一地熠熠生辉。如果在一位求职者身上发现了这个共同点，就应该开始关注他。

　　在研究样本中，人生早期的逆境经常成为成功求职者的一个特征。从意外事故到父母或兄弟姐妹的过早离世，逆境出现的方式多种多样，还有很多是你不希望发生在你自己或者其他人身上的事情。然而，从艰难的人生起点开始，有些人似乎可以从难以置信的境遇中汲取力量。也许，他们的果敢是由一种无法解释的决心所驱动的，这种决心是为了克服困难。他们对于发生在自己身上的事情无能为力，但他们可以尝试掌控自己的生活，利用在逆境中获得的力量鞭策自己前进。击败不了你的，将使你变得更强大。

　　在你鉴别表现出色的团队成员时，你要寻找克服个人挑战的例子。深入研究他们的早期生活，看看是否可以发现什么情况。他们遇到了什么需要克服的问题？他们有哪些个人逆境需要应对、战胜和克服？他们如何处理重大事件？在面试中，我们往往关注求职者积极的方面，例如成功的策略、目标的实现和有利的结果。但是，促使他们下定决心的那些潜在故事是什么呢？要想走得更远，拒绝被打败，我们就需要找到答案。

　　我们都认识一些十分聪明能干的人，他们会让你受不了，也会让其他所有人受不了。他们被复杂的难题折磨得狼狈不堪，却似乎总能从每个想法中找到问题。这些人在顶层没有一席之地。我们需要在职场注入有活力的人。我们需要的不是不顾后果的乐观主义者，而是那些寻求问题答案的人，那些表现出另类思维的人，那些高质量完成工作的人。为这类人收集证据是具有挑战性的，但这是必不可少的，而且需要努力完成。

但幸运的是，帮助就在眼前。有一些人和方法可以帮助我们做出这些关键的决定。你可以这样想，聘用或提拔错误的人需要付出的代价是巨大的。面试中，有很多东西被轻易地掩盖了 —— 你怎么能知道你要录用的人是谁呢？我曾经历过这样的情况：好心的商业同事推荐了一些人，结果却发现他们完全不合适。我在本书其他地方讨论了招聘问题，但我会在这里重复几点。

建立一个顶级团队非常重要，因此你需要在每个阶段都对过程进行管理。这不是将一份简历交给人力资源部门或猎头公司，而是花时间和这些人待在一起，这样他们就会知道你到底需要什么。在我的管理职业生涯早期，当我第一次受委托去招聘和管理员工时，我发现整个招聘过程令人生畏。然而，现在我可以指出一些重大的成功。我指的是那些被我聘用，继而在其他机构身居要职的人。

在一家我曾经工作的公司，有一位高管，她曾经做过企业管理方面的工作，但对人力资源方面的工作也感兴趣。特别是人员招聘和发展。她对员工的心理感兴趣。是什么驱动他们？他们的优点和缺点是什么？你怎么得知？我们决定指派一名专门的人员（也就是她）来领导部门的招聘行动。她对我们的运作方式、我们的需求和我们所面临的时间压力都了如指掌。

为了确保她适合这项工作，我们送她参加了一些收费高昂的培训，以便她能有良好的表现。此举得到了回报。借助心理测试量表，凭借她惊人的情商和判断力，她承担了我们招聘的任务，尽可能招聘最优秀的员工。招聘工作的效果超出了我们的预期，对公司的成功起到了重要作用，我甚至可以说这次招聘是公司成功最关键的因素。

几年之后，她离开了公司，我因此在公司得到了一个新职位，不出所料，公司没有一个像她这样优秀的人。后来，我打电话想要说服她回公司帮忙。她一同意帮忙，我就开车到她家，从汽车后备厢里拿出一箱简历，让她重操旧业。最终，她重新回到了公司，成了公司公关总监。

她显然非常有才华。不要陷入"好员工太难找了"的陷阱。当然，如果你用错了方法，那么"好员工确实很难找"。但是，如果你能开发并磨炼你的方法，量身定制你的流程并聘用掌握合适技能的人，你就会克服上述难题。你就是这样确定那些在你的高效能团队中竞争一席之地的人的。

对建设成功的高效能团队而言，至关重要的是创造团结和共同的目标。卡冯－维尔豪斯集团之所以成功，是因为查尔斯·威廉·邓斯通和他的商业伙伴大卫·罗斯（David Ross）对尚未成立的公司心怀愿景。这是冒险之举，令人兴奋。如果成功，公司就将成为品牌领导者，其创始人和早期团队成员将获得可观的物质回报。分担这一使命，解释每个人的角色并得到他们的承诺，这些提供了一个团队赢得胜利所需的凝聚力和共同目标。

团队成员会面时，他们会讨论最近的进展和接下来的行动。每个人都会分担并支持团队的各项行动，承担错误并分享成功。没有什么能阻挡团队前进的需要。在这样的环境下，开放和信任是一种必然。良好的沟通是基础，因为每个人都必须了解情况。高效能团队就是这样通过"周一革命"的方式建立起来的。

首都电台就是这样做的。每个周一，我们在上午8:30开会，回顾关键的决定并检查工作进展情况。会议从来不会持续超过1小时，我们不需要会议记录、行动要点等。我们总是花几分钟讨论财务和销售，这是一切的背景。我们的目标是成为英国最大的广播公司之一（以观众数量、收入、利润和公司估值来衡量）。我们的现金只会投资在这个计划上，我们会根据我们的战略和财务模式来测试一切。

参加周一上午会议的有财务总监、运营总监、商务总监以及战略总监。我们在英国的多个城市分布有数百名员工。日常管理不是一项简单的任务，而且很容易令我们的思维不堪重负，就像许多高管经历的那样。但在周一，至少我们推进了公司的全局规划。董事会期待全局规划，我们的投资人想要全局规划，我们也干劲十足地去实现全局规划。这是顶级团队所能做到的，他们对需要在什么时候完成什么任务优先排序和权衡。在会议桌上，从不会有人说自己太忙了，或者说这不是他们的工作。从来没有。

当然，如果没有领导力，就有可能完成不了太多事情。担任最高级别职位的领导者需要制订日程，确保商定的事情付诸实施。团结和共同承担责任是成功不可或缺的组成部分，但必须有人掌舵领航并承担责任。我记得我的团队成员曾经告诉我，他们认为我在关键的讨论中保持沉默的时间太长了。如果我能早点表达我的看法就好了，这样就能阻止其他人提出他们的想法或补救措施，从而搁置这些想法或措施。

这并非没有理由，当然，有时我也会因为太长时间保持沉默而感到内疚。我也看到了这种说法的另一面。等着领导先发表意见常常是错误的。当然，如果你自己不确定，找个人带领你是个不错的选择。但极端的情况是，领导自以为是，不听取别人的意见，身边还围着一群马屁精。

就我个人而言，我喜欢让团队成员先发声，保留我自己的立场。这可以在几个层面发挥良好的作用。我可能不知道答案，这个答案可能需要专业的知识，或者在我听取别人的意见之前对这个答案完全没有把握。无论如何，我都相信，优秀的高层领导者会邀请大家发表意见，认真并十分尊重地倾听，然后进行总结。为了达成一项团队共识，每个人都可以给予自己有力的支持。

当然，事情并非总是如此，因为上下级之间并非总能达成一致。在意见不一致时，领导需要综合衡量，努力促进团队共识，然后就可以继续前进了。

行动指南

（1）从公司形象到工作职责说明等都要有吸引力。为了吸引合适的人员，你本人也需要具有吸引力。

（2）选拔过程必须严格，并符合要求。设定任务。利用外部专业知识和工具，深入挖掘。

（3）逆境和失败往往是未来成功的潜在动力。

（4）高效能的团队需要高效能的领导。创造合适的环境，并提供具有竞争力的薪酬和直接与团队和个人业绩挂钩的绩效奖励。

（5）成为一家每个人都渴望为之工作的公司，这样一来，卓越的人才将被吸引到你的公司中来。

第二部分　数据

第六章
数据，一场比赛：分析数据的重要性

我和一个有段时间没见的人相约一起喝咖啡，我询问了她的情况。几年前，她创立了自己的企业；一年前，她告诉我说她的企业正在飞速发展；但这一次，她的回答就没有那么乐观了。"我觉得我有很多顾客，但我不确定我是否赚到了钱，"她回答道，"要等到年底，我的会计师告诉我，我才知道。我有点担心，我在银行里好像没有多少流动资金了。"

你有没有遇到过一家你明知道不会成功的企业？这种事经常发生。事实上，一家创业企业5年之后仍在经营的可能性并不大。

然而，有很多失败是可以避免的，因为失败的原因和补救措施通常都在我们的掌控之中。

大多数公司没能成功是因为财务问题，如果他们当初采纳了正确的建议，这些问题本来是可以解决的。我们都知道，财务问题并不局限于成立不久的公司。大型企业也会遭遇财务危机。

如果你没有一个可以赢利的商业模式，你迟早会把钱花光。所谓可以赢利的商业模式，是指企业营业收入超过企业运营所需成本的商业模式。

我的朋友经营着她的公司，却不知道她的业务能否产生净现金。在创建、收购和经营一家企业的兴奋中，许多人发现整个金融领域简直太无聊了。

建立一家快速发展的企业是一个令人兴奋的挑战。在很多情况下，企业创始人会将他们的精力集中在他们的愿景上，这并不奇怪。但遗憾的是，企业盈亏数字往往需要他们自己去处理。

无论我们做什么生意，都需要有销售利润。我们所说的是商品或服务的销售额与其成本、我们的经营成本之间的差额。如果最终不能为我们带来净现金，只专注于销量是没有用的。

成立初期的公司往往将自己的账目交由一名会计师管理，这名会计师负责给出企业年终的盈亏数字。他的职责还包括处理每月的账户、税收、工资和发票等。

随着企业的发展，对财务人员的需求会越来越多。通常情况下，一名身兼几家公司代理财务总监的自由职业者会进入这家企业，为企业带来经验和专业知识。最终，这个角色将成为长期性的角色，正如企业长期需要一家资源丰富的会计师事务所就最佳做法提供建议。

但你要小心。服务质量存在很大的差异，你得到何种帮助将对你的成败产生巨大的影响。在聘用之前，要做一个尽职调查。了解你的商业模式，严密掌控你的新顾问，直到你确信他们适合你。

对于大小企业主来说，这里的规则是了解自己的盈亏数字。尽己所能提供常规财务信息，永远都要根据自己知道的情况采取行动。如果你的公司可以从每周现金流量报告中受益，那就完成每周现金流报告并使用该报告。

你有很多选择，但各种选择不尽相同，因此，请花时间选出你所能承受的最佳选择。即使这意味着要从其他地方转移支出。当然，创建一个新网站可能比聘用一名新会计师令人兴奋。但你一定不会喜欢公司现金告罄并破产的那种刺激。

我在上文提到的那位企业主找到了她需要的帮助，她的企业得以幸存，现在发展势头良好。因为她在早期就认识到了财务技能的紧迫性，这是她当时需要却没有掌握的技能。我已经在其他地方谈到了要完全掌控作为每个人核心责任的盈亏数字。在规模更大的组织中，总是存在承担责任的危险——因为负责的是其他人，所以你实际上不需要太在意，但仍要小心。

行动指南

（1）你要认识到，资金链断裂是公司倒闭的主要原因之一。

（2）通过非常接近盈亏数字，避免耗尽资金。

（3）投资你信任的财务资源，并确保你的管理报告符合商业需求。我工作过的一家公司会追踪每日的现金流。这是个不错的主意。

（4）如果销售额的下降幅度超出你的预期，请制订一个备用计划。推迟支出。协商更理想的付款期限。搁置"令人兴奋"的项目。做好在极端情况下裁员的准备。

（5）有些公司的领导者对问题置之不理，等到采取行动时就来不及了。他们依靠的是一厢情愿的"我希望情况会好转"。当他们不得不接受现实时，局势已开始失控。请你不要成为他们中的一员。

第七章
信息传递：将数据化繁为简

就在不久前，我们还没有足够的信息。至少，此前很难找到足够的信息。如果我们能够收集到更多的数据并获得更多的知识，我们可能会做出更理想、更周全的决策。

弄清楚运用我们所拥有的东西做些什么是一项颇具竞争性的挑战。之所以具有竞争性，是因为我们的竞争对手可能和我们拥有同样的信息。不是仅有我们自己才知道的机密信息，而是大量的公共信息和自己的委托信息。

我们如何接收信息并提炼出作为管理工具的报告，是取得进展的关键。文件是因为各种正当理由而产生的，应该成为决策的有益辅助。

我出席了一些管理会议，会上的报告清晰简短，提供了有用的书面解释。这些报告使每个人都能了解最新情况，企业也因此受益。但因我们的严谨，报告常常因为是否具有相关性以及是否只是为了兴趣或者是否切实可行而受到质疑。

如前所述，我极度仰慕卡冯－维尔豪斯集团，这是一家从零开始发展起来的国际企业，拥有一支顶尖管理团队。在董事会会议上，高管们似乎总是牢牢控制着他们的业务部门，他们对关键问题的掌控给我留下了深刻的印象。

对我而言，更具挑战性的地方是会议之前分发的资料。大多数情况下，这些资料由管理报告和账目组成，其中很少出现摘要信息。我认为，我花了至少两年时间才说服他们——一份摘要将帮助我（也许也包括他们）专注于要讨论的重要事项。作为非执行董事，了解所有情况不是我的职责，远远不是。我需要的是一份简单的报告，其中总结了公司的业务表现以及我们需要讨论的关键领域。

与会议不同的是，报告有自己的生命力——文件的初衷早已被人遗忘。当高管们提出需要关注的新领域时，报告内容往往就会被扩充。"按客户部门对平均订单价值进行排序，这么做没有用吗？"当然，这可能是一个了不起的决定。但它将会被叠加在现有的信息之上，而现有的信息很可能会被保留下来。这就是问题所在。你上一次参加这样的会议是什么时候——会上有人对现有的定期出台的报告质疑，并建议对这些报告进行筛选吗？

我经常建议，信息可以被轻松地总结为关键点，我们可以仅仅阅读这些关键点然后进行讨论。这是我处理信息的首选方式——简明扼要。

事实上，在可能的情况下，我想将这种方式应用到我所有的商业活动中。作为顾问，我不主动撰写报告。我非常明确地表示，如果你需要我解决一个问题，我会很乐意看一看。但如果你需要一份详细的报告，请别来找我。我会做一个简短的摘要，和你谈谈我发现什么，以及如果我是你的话，我会怎么做。对于有些人来说，这种方式吸引力有限。

很多年前，有人建议我："不要主动写报告，没人会看报告。如果他们想在纸上写点什么，跟他们说，他们可以写下来。"当然，在有些重要场合，书面报告是必不可少的。你不会希望对你的信息技术系统的详尽分析是用口头方式传递的，绝对不会。

我的观点很简单，信息过多是一种限制，而不是帮助。对如何收集信息以及在报告中生成信息有一些基本规则的企业更有可能蓬勃发展。这样的企业能更快地做出更好的决定。与生活中的许多方面一样，信息的收集者关注的是他们的优先事项和感兴趣的领域，而并非总是信息的目标接收者的优先事项和感兴趣的领域。这使得像我这样的人不得不在文件中搜索，试图找出真正重要的内容，或者寻找一个我们知道应该存在于文件某处的要点。

因此，很多年前，无处不在又好用的关键绩效指标（Key Performance Indicator，简称 KPI）大受欢迎，也就不足为奇了。而从我所看到的情况来看，随着即时访问数据量的膨胀，这一指标已经产生了非常好的结果。随着我们收集大量关于彼此的信息，对数据分析的需求正在持续增长。

在某些方面，重点已经从谁拥有基础数据转移到了谁拥有处理数据的最佳系统。我知道两家相互竞争的公司拥有相同的信息，但其中一家公司的发展速度远远超过另一家。为什么会这样呢？因为那家加速发展的公司已经开发出了能够预测客户购买行为的算法。而另一家公司则没有，并且正在拼命追赶。

行动指南

（1）你要承认，过多的信息会使人们不堪重负，甚至可能阻碍生产力的发展。

（2）对数据的巧妙分析无疑是一种竞争优势，前提是它具有可操作性。在一个信息共享的世界里，重要的是你用这些信息做了你的竞争对手没有做的事。

（3）你拥有什么？你需要什么？你要用它做些什么？

（4）减少关键绩效指标的数量。要知道，你拥有的关键绩效指标已经太多了，你不可能把它们都搞清楚。

第八章
我不会付钱的：价格合适吗？

　　价格对你的企业有多重要？你多久回顾一次你的定价策略，以达到销售和盈利之间的最佳关系？

　　对制成品的管理将采用"成本加成"的方法来产生利润，并以竞争品牌作为比较对象对这一方法进行测试。无论是实体店的零售商还是网络上的零售商，都会围绕价格展开激烈的竞争，并试图通过将降价转嫁给供应商来维持自身的利润。这些往往会被传递到供应链的上游，常常会导致一些人的损失。

　　零售商比大多数人都更加了解定价心理。他们有能力对策略进行测试，并制订复杂的方法来确定收费标准。他们经常宣传自己的定价立场，从"一点一滴都有帮助"到令人讨厌的笨拙的"从不故意低价出售"。我认为，英国零售商约翰·刘易斯百货公司（John Lewis Partnership Plc）是时候改变这种状况了，因为我很肯定，很多人都无法理解这一点。

我将自己的大量时间都花在了专业服务领域，这个领域有一种更随机地向客户收费的方法。至少看起来如此。许多行业存在巨大的价格差异，我得出的结论是，我们可以从零售行业吸取教训。事实上，无论你身处哪个市场，零售业的定价方法都为大家提供了范例。

许多公司还在继续按照它们成立以来的方式为自己的服务定价，这对一些公司来说是很长的一段时间。会计师和律师一般都采用这种做法，随着时间的推移，他们会被提供更透明定价模式的新进入者所超越并淘汰。随着新的线上公司如雨后春笋般涌现，这种情况已经开始发生。从固定费率服务大胆迈入传统公司采用的按小时计算的定价模式，或者从传统公司采用的按小时计算的定价模式大胆进入固定费率服务。顾客在收到发票之前不知道自己要付多少钱，这一点让他们愈发无法忍受。

我最近发现了几个与此相关的例子。在其中一个例子中，律师事务所不太清楚自己将收取多少费用。结果，客户对律师事务所提交的账单非常不满，并且拒绝支付费用。有一种假设是，客户知道随着工作时间的延长，他们会收到数额更大的账单。但客户认为工作时间的延长是律师事务所的错，而不是他自己的错，并认为他同意支付的是一个固定的价格。最终，客户支付的款项低于账单上的金额，并且还更换了律师事务所。

有人曾经说过："100万美元是世界上最容易讨价还价的数字。"不管说这话的是谁，他们都是对的。即使在专业服务领域，整数也从来都不像是经过周全考虑的。然而，各家公司仍在继续使用整数，不知道它可能会造成多少业务损失。我曾见过一些客户拒绝支付1万英镑的报价，但很乐意接受9750英镑。零售商会对一件产品收取10英镑的整数吗？不太可能。

我工作的一家公司多年来一直在向客户收取过低的费用，主要是因为他们最初错误地认为价格将是获得合同的决定性因素（很少会是这样）。但随着时间的推移，我们一起努力，大幅提高了价格。我们之所以能做到这一点，是因为我们提供了优质的服务，而且客户也承认他们支付的费用过低。当然，事情并没有那么简单。每一种情况都是独一无二的，需要用不同的方法来适应具体情况。

通常，我们害怕以我们认为真正值得的价格对我们提供的东西收费。下面是一段典型的思考过程：

> "他们的预算大约是5万英镑，但对于他们想要完成的工作，我们通常会收取8万英镑。但他们可能是你的长期客户。我们现在可以收取他们5万英镑，并约定，从下次评估开始，价格将随着时间的推移而上涨。"

这是个好主意，但很少能取得成功。随着时间的推移，你会开始憎恨这位客户，因为他付给你的钱比其他客户付给你的要少很多。

那该怎么办呢？

在这种情况下，你可以提议将部分款项的付款期限推迟到下一年。这不是理想的做法，对现金流没有帮助。你得砍掉一些服务项目，以匹配5万英镑的付款金额，或者甩手走人。

在你的提案中加入足够多的东西，以此作出牺牲。假设每个人都想砍价。这是意料之中的事。重要的是，你要预测可能出现的结果。

定价是一个非常复杂的议题，我完全打算在未来的某个时刻讨论这个问题。与此同时，让我们来看看以下几点。

行动指南

（1）为你的产品和服务收集定价数据，并像零售商一样思考。

（2）如何通过更具创造性的定价，成为一个价格颠覆者并避免混乱？

（3）如何为客户提供更高的价格透明度？

（4）如何将项目收入转变为可持续的月收入？

（5）识别迷失的领导者、低利润项目和面子项目。如果他们不为自己买单，那就抛弃他们。

第九章
黑洞：消失的资金

　　有些领导者喜欢把财务总监"闲置"，就像把一个物品放在柜子后面一层较低的架子上的盒子里。他们偶尔会被"掸去灰尘"，取出来被用来生产一些数据。另外一些领导者则牢牢控制着他们的财务总监，确保他们完全服从。这两种做法都不可取。对事业有成的商业领袖来说，这听起来很荒谬。"周一革命"式的财务方针是确保财务总监拥有一张可以进入所有业务领域的通行证，并发挥受信赖的副手作用。完全的正直和独立性是必需的。要敢于检举不良行为或涉嫌犯罪的活动。

　　可不幸的是，尽管初衷是好的，但历史证明，我们永远不会离下一起某知名公司的财务丑闻太远。这样的丑闻通常涉及不称职的财务总监。

　　很多时候，财务职能被认为是一种必要的罪恶，是一种限制发展而非促进发展的东西。因此，一些迹象被忽略了。总有一天，本来

可以被预见和避免的黑洞会暴露出来。这时，责任人就要承担各自
的责任。

下面的例子来自一位我曾经面试过的首席财务官。他工作的组
织已经被一家更大的组织收购，首席执行官已经前往纽约提交下一年
的预算。谈话内容大致是这样的：

> 首席财务官对首席执行官说："我们要不要坐早班飞机去
> 纽约？"
>
> 首席执行官说："我已经决定不让你加入我们了，你要做
> 的仅仅是谈谈盈亏数字。"
>
> 首席财务官说："但这是个预算会议。"

总之，首席财务官没有去纽约。首席执行官总是让财务总监远
离信息和关键决策，企业主很快就对这笔令人失望的收购忍无可忍。
该公司的业绩远低于预期，而财务总监对此却无能为力，因为首席执
行官完全把他晾在一边。不久之后，这家公司就被出售了。

还有一次，我为一家公司提供咨询服务，这家公司的创始人们不
愿意聘请一位完全合格且经验丰富的财务人员。有时候，当公司创
始人一心只想着怎样增加销售额时，很难说服他们聘人。我常常发
现，他们回顾过去，想知道自己以前是如何应对的，有时他们会想，
如果有一位优秀的财务总监，他们的公司本可以取得更好的发展。

　　当一个黑洞突然出现时，这家不愿聘请财务总监的公司意识到他们需要加快步伐。然而，说黑洞是突然出现的，未免太客气了点。事实上，这个黑洞在几个月的时间里一直在缓慢扩大，当我在季度管理会议上询问账目时，它才碰巧被发现。

　　像往常一样，所有的焦点都集中在销售上，这并不奇怪，因为公司创始人就是做销售出身的，他们已经把公司发展成了一家价值数百万英镑的企业。公司强调的始终是账目上的销售收入，公司把这一指标看得比其他指标都重要。在例行报告之后，我问财务人员，我们能否看看现金流和资产负债表。我会用"既低且薄"来形容它们。

　　来看看下面这段对话案例：

　　首席执行官说："这怎么可能？我们可是实现了创纪录的销售额啊。"

　　首席运营官说："确实。我们从未拥有像现在这么多客户，我们不得不聘用更多的客户服务人员以满足需求。"

　　最后，财务总监开口了："问题是我们降低了价格，考虑到服务客户产生的成本，每一笔新订单都在赔钱。我们以错误的价格赢得越多的订单，就会有越多的运营现金流出大楼。我们的账目上有一个黑洞。"

　　黑洞是意想不到的债务，需要在它们将公司拖入破产境地之前迅速处理。在本案例中，我们不可能在这么短的时间内取消无法赢利的合同或向现有客户收取更高的价格。因此，我们推迟了未来的预算支出，削减了成本并借了一些钱。如今，公司发展良好，并且有了一位新的财务总监。

这是谁的错？错在天真的公司创始人以及那位财务总监。财务总监应当有适当的控制措施来确保所有的订单都是有利润的，他应为创始人提供关键信息和财务报告。创始人应耐心倾听财务总监的汇报和建议。但这两件事他们都没做到。

以下是我作为董事或顾问给每一位高管和每一个董事会的"周一革命"的建议：聘请一位有运营经验的财务总监，让他在任何领域都可以自由发挥。我对首席执行官说，告诉整个公司，财务总监有一张全域通行证，也可能会向任何部门提出任何他想问的问题。

在首都电台，我学到了这种方法的智慧。我们的财务总监非常聪明，也非常能干。我们叫他"雪貂"，这个称呼完全恰当。他会四处走动，如果有什么不对劲，他都能觉察出来。他聘用了一些有经验的员工，这些人具有与他相似的素质。他们凭借好奇心、毅力和职权，为公司提供了正确的信息。有了这些信息，我们便可以做出更好的决定。

我们的财务总监天生谨慎，总是略显焦虑。对于一位需要防患于未然的乐观老板来说，他是一剂良药。但我们没有黑洞以及围绕运营、投资和风险进行的平衡讨论。直到我接触到其他财务控制状况糟糕的公司之后，我才真正赞赏这种关系的价值。

我也有过糟糕的经历，是在一家公司的董事会中，财务总监没有独立思考的能力，而且认为应该给出首席执行官想要看到的数字，而不管这些数字是如何得到的。随着销售额和利润率的下降，该公司陷入了无法挽回的境地。这种做法在20世纪80年代非常普遍，当时，公司可以从实际上处于亏损的业务中"创造"利润。这一传统一直延续到21世纪初期，无价值债券的欺诈性交易导致美国房地产市场崩溃，数百万人因此失去了家园和工作。这是有史以来最大的黑洞。

这家公司破产了。它当然破产了。股东们损失惨重，首席执行官最终不得不卖掉自己的房子来偿还个人债务。如果不是狂妄自大，这是一起完全可以避免的悲剧。

这里还有另一个黑洞。从某种程度上说，我不愿意拿更多的不幸故事让你沮丧，但它们确实说明了我们需要保持警惕，尤其是当你的财务人员并不如你想象的那么出色时。

几年前，我加入了一家公司的董事会。这家公司看上去经营稳健，信誉良好。至少我是这么认为的。但我入职才第一天，意想不到的问题就出现了，像一场"车祸"现场那么惨烈：利润预警、首席执行官代人受过并被抛弃、董事会混乱不堪。为什么我要加入这场"车祸"呢？哦，这完全是意外。但我当然会承认，如果我更加小心，更加勤奋，少受他人影响，我就永远都不会接受这份工作。

这是一个已经上演过很多次的故事。同样，问题的核心还是财务人员，但在很多方面，这不是他的错。他刚刚被过度提拔，受到了董事长和那一小群长期任职的非执行董事的强烈影响，他没有时间确立自己的独立性和权威，另外，他正处于试用期。

"你们必须明白这是一个周期性的业务，"董事长告知他的董事会成员，"我们这些以前见过这种情况的人都知道，我们将度过低谷期，并在需求恢复时产生可观的利润。"

我曾礼貌地指出，在我看来情况并非如此。消费者迅速转移到互联网上，而我们在互联网上几乎没有存在感。不管怎样，在我们的市场上，其他企业已经开始以我们无法与之竞争的价格销售同类产品。此外，我们的国际业务也在赔钱，事实上，几乎到处都在赔钱，而且亏损的金额极大。由于公司一直在大举收购，但未能妥善管理这些最近获得的资产，因此大多数资产都处于不同程度的混乱状态。

我的担忧没有得到很好的回应。另外，我对公司的应急计划提出了质疑，认为这个过程与最佳的做法相差很远，在我看来，这不是处理迫在眉睫的问题的"周一革命"方式。但这些使我在公司更加不受欢迎。

我很清楚应该采取什么措施来挽救局面。就像黑洞一样，市场的破坏性变化很少是在一夜之间发生的。各种迹象通常提前很长时间就出现了，但未能认识和承认这些迹象导致了长期的衰退和混乱的结局。这往往会导致公司高管绝望地寻找救生筏，但却只找到了残骸。在这种情况下，长期无法偿还的债务会成为黑洞的制造者，直到银行家们结束一天的工作。

"黑洞"这个词比较新颖，但黑洞的存在却和时间本身一样古老。这究竟有多古老，我不知道，其他人也不知道。黑洞拥有强大的引力，一旦被吸进去，任何东西都无法逃脱。一个无法解释之地，坏事会在其中发生。黑洞一片漆黑，甚至连光也无法从中逃脱。

对我们商界人士来说，这些都是自己造成的事件，正如我已经证明的那样，如果不迅速发现、承认和处理，可能会致命。正如我们讨论过的那样，许多领导者有责任创造有利于他们发展的环境。

这样的环境可以通过用隐蔽的方式来创造，从而掩饰不断下降的业绩。例如一种将支出资本化的激进做法。"你看，我们的电脑可以用5年，而不是3年。如果我们这么做，就可以在几年之内将许多产品的成本分摊，以提高利润。"还有许多复杂得多的骗局，旨在迷惑投资者，让全世界相信一切都好。将负债从资产负债表中移除已经导致许多公司破产。

当然，审计事务所的存在是为了保护股东免受这种激进的会计做法的影响，我参加过许多审计会议，目睹首席财务官为自己美化盈亏数字的行为辩护。在某些情况下，审计人员完全忽略了这个问题。公司最终的崩溃通常是由告密者引发的，这促使股东和监管机构寻找责任人。

虽然这种情况屡见不鲜，但很少有审计师受到太多的影响，他们大多声称有人向他们隐瞒了已经曝光的证据，因而他们无法将这些证据考虑在内。在2008年的金融危机中，没有哪位首席财务官或首席执行官因为不当行为而遭到起诉，更没有哪个审计师被追责，他们中的大多数人尽管对此次金融危机负有责任，但依然享有异常高的薪酬。

这就是黑洞。从一家小公司的破产到一场全球性的金融危机，都有相似的特征。例如，资深人士选择转移视线、制度无力、控制力薄弱、依赖于那些没有资格掌权的人以及那些恐吓任何财务挑战的主导型领导者。

"周一革命"承认了一个简单的事实。在任何企业，最重要的数字永远都是现金。一家企业所做的一切最终都必须产生现金，而不是其他任何财务措施。如果你花的现金比你能赚的多，你就会破产。

好消息来了。在你的世界里，你基本上可以避免这一切。这并非总那么容易，因为它需要献身精神、勤奋以及刨根问底的性格。

行动指南

（1）尽你所能找到最优秀的财务人员，用支持性的证据来证明他们的优秀，并向他们支付高薪。

（2）让他们在公司高层任职，让他们参与企业的战略和运作。他们需要知道一切。

（3）让他们明白，他们可以去任何业务领域，问任何人（包括你）任何问题。

（4）确保他们认识到，他们最终要对所有财务信息负责。讨论黑洞出现的可能性。

（5）始终了解现金流。

第三部分　销售

第十章
几个销售故事：没有销售，就没有企业

有人说，好产品自己会说话。但我从未在拥有此类好产品的公司工作过。我认为我可能已经遇到了各种各样的销售挑战。虽然各行各业不尽相同，但事实上，不管在什么市场，可能都有不少障碍需要克服：从识别和联系决策者，到一个卓越的竞争对手通过亏本销售他们的产品来赢得市场份额。中间每隔一个陷阱，等待勇敢的交易更近一步！

买家们普遍面临的一个负面因素是"没有预算"。预算被削减、支出、转移、重新分配，或者由于某种看似合理的类似原因，这意味着你的产品肯定不会在采购清单上。根据我的经验，人们说的话不一定就是事情的最终结果。事实上，比起担心最坏的情况，我更喜欢"没有预算"的挑战。

20世纪90年代，一家电视台的一位广告版面推销员在法国目睹

捷豹（Jaguar）汽车赢得了勒芒24小时耐力赛[①]。虽然他不是这项运动的狂热粉丝，但他对受邀观看比赛仍心存感激。令他大为吃惊的是，他发现整个比赛非常吸引人，在他回到英国后，很久都没有忘记这段经历。

几个月后，他出现在捷豹公司的广告代理商智威汤逊（J. Walter Thompson）的办公室，试图赢得新的业务。他询问了他们的客户捷豹的情况，并指出他们几个月前是如何在法国取得胜利的。

那位智威汤逊的高管对此根本不感兴趣，他说："说实话，他们不太打广告，而且肯定不会在电视上打广告。总之，他们没有针对消费者的广告预算，他们真正关注的是他们的经销商网络。"

这位推销员使出了浑身解数，但智威汤逊的高管却急着要去吃午饭。在当时，对于广告从业者而言，这是一天中的关键时段。

我们的推销员记得那次比赛的荣耀。这对捷豹车主以及至关重要的经销商来说是多么骄傲的时刻啊。之后，他想出了一个吸引人的主意，以此从显然不存在的预算中赚钱。

由于广告代理商可能根本帮不上忙，他联系了捷豹公司的营销总监，试图以自己有一个特别的想法为由争取一个会面的机会。营销总监想在同意见面前获得一份书面报告，但我们的推销员解释说他只

[①] 每年6月在法国勒芒举办的以考验赛车性能和赛车手强度的一项赛车运动。——编者注

需要30分钟就能展示他改变游戏规则的想法。既怀疑又好奇的营销总监安排了这次会面，他认为这次会面很可能不会有什么结果，但除了时间之外，他没有什么可损失的。

当智威汤逊公司的高管发现他们的客户被人直接接触时，他们十分不悦。他们再次向推销员明确表示，捷豹公司绝对没有做电视广告的打算，他们认为这么做没有好处。而且无论如何，他们已经明确表示他们没有预算。正如他们所说的：

"如果你想把时间浪费在往返考文垂（Coventry）[①] 的200英里（321.87千米）路途上，那是你的问题。"

推销员没有被吓倒。他认为自己的想法很有吸引力，如果能以正确的方式提出，就能找到预算。在会面之前，他让制作人员为捷豹公司制作一则3分钟的广告，广告中的镜头取自驾驶捷豹汽车的赛车手在勒芒24小时耐力赛中获胜的片段；画外音利用捷豹公司在当时的商业广告中使用的信息，赞扬了捷豹汽车的优点。他制作了一个迷你版的黄金时段新闻节目，并将这则广告作为唯一的插播广告置于节目中间。

[①] 英国中部城市。1927年，捷豹从英国西北部城市布莱克浦（Blackpool）搬迁至考文垂。——译者注

他带着自己的视频，等着市场总监走进会议室。这是一个亲切而又高效务实的开始。很明显，总监想要直奔主题。他们讨论了捷豹的营销计划、关键信息以及经销商需要获得支持等问题。

推销员向总监做了说明。他说他的想法将在2个层面上发挥作用。这是一段影响力极高的电视专题片，它将成为捷豹车主和潜在买家反复谈论的事件。它将作为巨大信心和承诺的标志，预售给经销商网络，帮助他们销售更多的汽车。这是独一无二的，因为从来没有一家公司能在旗舰新闻节目的中间时段独家播放自己的广告。

之后，他播放了视频。总监没有明确表态："再给我看一次。"推销员又放了一遍，然后等待答复。之后总监转向他，伸开双臂，好像要拥抱屏幕似地说："这就是捷豹！"

推销员和营销总监就预算和时间安排进行了讨论。总监说公司没有针对这个广告的预算，但这个想法太强大了，不能错过。

不出所料，广告代理商智威汤逊很快就同意了，广告播出后，赢得了客户、经销商和媒体的一致称赞。智威汤逊公司因为"他们的"伟大想法收获了一个行业奖项，而那位推销员则轻而易举地预见了他们的未来客户！研究一家公司想要达到的目标是关键。如果你想大幅提高你成功的机会，你就需要了解他们的优先事项。了解他们的需要，而不是你的需要。

"周一革命"需要积极的心态。这是个好主意，尽管有人提出批评，但推销员还是相信它。就像销售捷豹汽车是他的责任一样。

记住，预算是一种管理工具，通常每年制订一次。对许多人来说，预算成了灵活思考的障碍。人们躲在"没有预算"的背后，但事实上，了不起的想法总是有预算的。中间人和守门人并非总是你的朋友，打扰他们是不明智的，但是偶尔你需要绕过他们，或者越过他们。你在这么做时一定要小心谨慎。确定决策者，并把会面的理由描述成一个令人信服的独特事件。我们这位推销员的目标是把广告时段卖给市场总监。如果他一开始就这么说，这次会面就永远不会发生。

下面是另一个克服开会障碍的例子，这个故事是一位非常成功的高管告诉我的。他确保高水平会议的技巧很简单，但需要前期投资的信心。他把提供独特的信息作为达到预期目标的手段。

他的技巧是这样发挥作用的："我们刚刚就你们这个行业的市场前景进行了一项研究，有些结果出乎意料。你想看看数据吗？"这种建立关系的方式是一种经典的搭讪方式。

信息是会见所有行业中买家的一种特定方式。会议、研讨会和社交活动都依赖于通过提供潜在客户不具备的、在其他地方也不容易获得的一些东西，将潜在客户聚集在一起。他们需要知道的是，由于竞争对手可能会超过他们，故在任何情况下，都要努力提高自己的知识储备。

我为很多专业服务公司工作过，比如会计师事务所和律师事务所。他们非常擅长举办由当前客户（为与客户之间的关系增加价值）

和未来潜在客户参加的研讨会。通过提供新信息或会议组织公司对新出台的法律法规的看法，例如新出台的某项法规会带来什么，这些有吸引力的会议发挥了良好的作用。

人们常常在你能够提供一些有价值的、对他们有帮助的信息的情况下，才会有兴趣与你见面，至少在商业意义上是这样。你可能会畏畏缩缩，但除了这个原因之外，他们为什么要这么做呢？在一个时间紧迫、忙忙碌碌的世界，为什么要把你宝贵的带薪管理时间浪费在可能不会有结果的会议上呢？毕竟，"周一革命"的一个关键主题是明智地投资时间，这不仅仅适用于你！

我认识到，有一种惯例是这么说的：与某人见面喝杯咖啡，其间详谈一些事情是有用的。也许有用。但如果你想要创造销售额和利润，这是一种冗长的方法。就我个人而言，它已经成为我策略中的次要部分。

我总是把我的商业策略定位为尊重那些与我素不相识之人的时间。我不会为了轻松惬意地聊天而联系他们。"我有一些你真正感兴趣的东西。给我一段简短的会面时间，我会告诉你它的好处。"

如果你了解你的市场，你就会对任何信息缺失了如指掌。你可以通过满足这种需求来填补空缺。当然，你不仅仅是为了提供免费数据。这是一种催化剂，用来评价他们的产品、品牌、声誉、形象等。一旦你开始探索、提问，尤其是明智地倾听，你的产品就可以提供答案。

如果你做了功课，此类会面的结果几乎总是积极的。你正在建立一种关系，因此你有责任确定进一步的讨论，并提供某种建议或计划。完成一笔交易可能需要走很长一段路，但你已经在路上了，并且已经迈出了非常重要的前期步伐。

作为一项基本准则，拥有别人需要却没有的东西是很有价值的。在我的咨询公司，几乎所有的工作都来自个人推荐。但在公司发展早期，我们需要说服人们，我们不知道他们为什么应该对与我们见面感兴趣。

为了发展我们的公司，我们出去和那些我们认为自己可以为其提供帮助的人见面。我的商业伙伴（比我更精明）过去常常对我在会议、聚会或其他活动中使用的一些销售方法感到不安。

"嗨，我是内驱力咨询公司（The Drive Partnership）的大卫，很高兴见到你，你这周过得怎么样？"寒暄之后，我会将谈话转向我们为客户做的事情上来。

他们会问："内驱力咨询公司到底是干什么的？"

早些时候的开场白会影响我的答复。但通常情况下，我会这样说："我们与公司合作，帮助它们（与依靠它们自己的力量相比）更快地实现增长目标。基本上，这些公司在聘用我们之后，会更快地实现自己的目标。"

客户会问："真的吗，你们是怎么做到的？"

我会说："这取决于公司，但通常它们只是需要更多能够赢利的客户。我们帮助它们达成这个目标，通常很快。你对此感兴趣吗？"

对此，客户通常会有足够的兴趣，同意进行一次简短的会面，听取更多内容。我们没必要说得太详细。将日程安排好，努力完成任务。多年后，我们的早期客户仍与我们保持着业务关系。正如其中一位早期客户说的那样：

> "大卫是我认识的最商务化的人。他是我们的商务顾问，
> 我们不会在没有咨询他的情况下做任何重大决定。"

对此我深感荣幸。能在最高层拥有一席之地是一项重大的责任，当然也少不了这一职位带来的挑战。

行动指南

（1）如果你拥有别人认为有价值的东西，那么信息和想法就是金钱。

（2）花时间关注公司的活动和市场。弄清楚你能提供什么。这可能只会花费你的时间。现有公共数据的突出趋势可能是你唯一需要的东西。

（3）使你拥有的东西变得独一无二。即使它是从公共数据中整理出来的。它可以是你对数据的深刻理解，也可以是你的创意。

（4）获得一次会面机会后，你的目标是发现客户未能解决的问题，并仔细匹配你的建议。每次离开时都要就后续行动达成一致。总是如此。

（5）如果你正在建立网络，你要多倾听多说话，直到同意后续行动。抵制按下销售按钮的诱惑。

第十一章
正确的信息、地点和时间：
充分利用营销资金

有人说，我知道我的广告费浪费了一半，但我不知道是哪一半。因为多数字渠道的到来为我们提供了更高层次的因果问责制。

即便如此，根据市场营销支出来衡量销售额也是件棘手的事，但如果你能做到这一点，那就太棒了。但不是每个人都能做到。这仍然是一个复杂的领域，在许多方面仍然需要更好地分析，以确保资金在正确的时间花在正确的地方，产生一个引人注目的故事或信息。

当公司预算紧张需要节省开支时，会发生什么呢？有些地方可以让你释放短期利润或亏损。营销预算往往是关键。为什么这一重要的支出项目会主动要求削减呢？

好吧，你不会削减任何你可以轻易销售或有利润的产品，对吗？但在许多公司，营销支出往往缺乏责任感。它被视为一种成本，而不是一种投资。至少可以这样说，花钱和获得回报之间的关系通常很遥远。

难怪支持这一重要职能的人偶尔会失望地离开预算会议。

"周一革命"来帮忙了！

一些组织喜欢平衡（如果可能的话，在一年中的最后一个季度支出），这样一来，如果今年的情况比预期的更艰难，计划的资金就可以收回来作为公司的盈亏数字。聪明的金融人士从来不会忘记未支出的资金，并且会不断检查哪些资金可以回收。这没有问题。

在过去，营销资金（如果你喜欢打广告）是在不同层面投入和负责任的。如果这笔钱被花掉，并且直接归因于销售，那么这笔钱就会受到保护。为一个可以追踪和衡量的特价产品做广告就是一个很好的例子。

形象广告往往会吸引大笔预算，但通常是根据"意识"和"态度研究"来测量的。这些预算的追随者（通常是各种形式的广告公司）会以和"如果人们没有听说过你的品牌，他们就不太可能购买它"类似的方式来推广这一理念！

其他人会指出，虽然这一主张合乎逻辑，但花费数百万英镑来打造知名度和形象，与对未来销售和利润的影响相去太远了。在困难时期，这些预算通常会回到储蓄账户中。

关于营销资金的分配，已经出现了许多文章。经常有研究和案例史被编写出来，主要是由那些有既得利益的人编写的。1980年，广告大师西蒙·布罗德本特（Simon Broadbent）和布莱恩·雅各布斯（Brian Jacobs）一起出版了《花广告费》（*Spending Advertising Money*）。这是一本很有影响力的著作，它将营销资金视为投资，而不是捐赠。

在消费品的世界里，广告和营销在建立品牌和销售盈利的发展过程中扮演着至关重要的角色。在20世纪70年代，作为一名推销员，我向伦敦和英国南部城市的多家独立零售商销售糖果。

电视广告总能对我的销售业绩产生极大的影响。通常情况下，如果没有媒体支出的支持，零售商就会拒绝进货。如果我们的竞争对手在进行广告宣传，而我们却没有，我们就会发现我们的产品被推到商店最里面的位置，或者更糟糕的情况是被从已经核准的采购清单上删除。

依我之见，所有花在广告上的钱都必须物有所值。厘清各种形式的补充性促销活动可能并不容易，但这并不意味着我们不应该尝试。当然，可能会有几种组合的行动方案导致销售量的提高，而把每一种行动方案的因果关系挑出来就有点棘手了。但这不应该阻止一项至关重要的行动。

我一直认为消费者营销①更加容易，也更有活力。我所谓的容易，指的是比一家企业给另一个企业做广告更容易。

---

① 消费者营销被定义为创造产品、商品和服务并将其销售给个人，而不是试图吸引企业。试图向个人出售玩具、书籍或电影的广告就是消费者营销的例子。——译者注

与业务决策者取得联系总是充满挑战性。他们是谁？你如何带着你的形象和产品出现在他们面前？他们的决策规则是什么？你如何发现这些规则？

我曾在许多公司工作过，这些公司遭遇的最大挫折是不为人所知，它们必须实现的第一个跨越就是解释它们是谁以及它们在做什么。这一直是一个充满挑战的领域。当我为寻找新客户的商业公司提供建议时，我总是问："谁听说过你？他们为什么会对你销售的产品感兴趣？你在解决什么问题？"

令人难以置信的是，高管们（其中许多身居高位）很难回答这3个问题。公司需要回归本质，解决最根本的问题：做什么、什么时候做以及为什么要做。不能因为营销活动无法证明自身的合理性而被轻易抛弃，或者因认为它不是推动可赢利销售的因素而不给予足够的资金支持。我们需要对营销进行有据可依的例行原则性审查。

让我们考虑一下：一个人可以管理好营销投资，原因之一是有很多可用的数据，这些数据很有用，可以发挥很大的作用。如果你在一家没有信息的企业工作，你需要找到一些信息，否则你不可能做出有据可依的决策。

每一个对接触消费者感兴趣的人都会通过多种渠道销售：购物中心、促销活动和线上渠道等。甚至一些靠线上业务起家的公司也在寻找实体门店。亚马逊公司正在开设无人操作的无现金商店，毫无疑问，这种混合模式将是许多人的前进之路。

营销资金是一种宝贵的资源，不能浪费。这里有一个例子说明了一项评估如何导致有争议性但最终更合理的资金使用。

克莱尔并不是特别期待董事局会议，向一群经验丰富的董事和她的同事们讲解，无疑是一个展示她最佳表现的机会。只是她本人并不这么认为。

在如今的零售市场，未来极不明朗。线上销售虽然在增长，但还不足以抵消商业街实体店销售额的下滑。克莱尔负责数百家销售从烤面包机到笔记本电脑等耐用消费品的商店，并且希望扩大业务。然而现如今，能与去年的盈亏数据持平似乎就已经是一个积极的结果。

克莱尔知道，好年景和坏年景的区别在于圣诞节的销售高峰以及此后的几个星期。四季度表现不佳会毁掉一个好年景。

克莱尔每年都用同样的策略吸引消费者光顾她的商店：只有在这些商店才能买到的一些独特产品，外加诱人的折扣和付款条件，以及橱窗里的雪人和圣诞节装饰用的金属箔。

然而，克莱尔觉得少了点什么。要使成功的天平向有利于公司的一侧倾斜，必须做出改变。她决定与同事们会面，重新审视计划，而不仅仅是重复去年的方案。一定有一种方法可以带来更大的销量，且不涉及更大的营销资金和更大的折扣。

会议探讨了没能销售更多产品的原因，包括从供应链问题到竞争性定价等所有问题。他们一致认为，经济、天气等因素是他们无法控制的。除了制订应对性的计划外，他们几乎无能为力。

随着讨论的进行，克莱尔意识到她需要做些什么。这将是一个激进的方法，但它是合乎逻辑的，并且基于无可争辩的证据。但存在一个显著问题，如果这个问题得到成功解决，就将提高销售额并赢得客户。事实上，也许在未来的几年里，它将创造更多的忠实顾客。

一想到要在董事会提出这个新办法，就让人心里发毛。如果他们认为她的策略考虑不周，该怎么办？她的工作会受到威胁吗？克莱尔知道，如果圣诞节的销售额没有达到目标，那她的工作就可能而且肯定会受到威胁。但她不顾无数个不眠之夜，决定继续迎难而上。

在董事局会议上，克莱尔获得了20分钟时间陈述她的计划。董事会成员很喜欢克莱尔，总是期待她出席会议。但他们非常清楚，市场一直充满挑战，因此他们需要做出改进。尤其是为了安抚公司的股东，他们对公司萎靡不振的销售业绩和不断下跌的股价感到不满。一切都取决于圣诞节的销售能取得成功，每个人都明白这一点。

属于克莱尔的时刻到了。她马上解释说，一个成功的交易期需要的不仅仅是炫目的电视广告和橱窗里的雪人。它需要重新审视如何在不增加成本的情况下销售更多产品。

克莱尔问了董事们一个问题："在光顾我们商店的顾客中，真正买东西的占了多大比例？"

销售电子消费品不是一单简单的生意。向顾客解释并帮助他们决定购买合适的产品是需要时间的，尤其是一年之中购买的商品大多是礼物的时候。

所有董事普遍高估了真正购物的进店顾客的比例，13%是正确答案。由此可见，87%的潜在购买者两手空空地离开了商店。

克莱尔解释了她的计划。为什么公司要在电视营销和推广上花费数百万英镑？这无疑只会让问题变得更糟糕吗？为什么要让更多的人进入我们不能为他们提供服务的拥挤商店呢？这导致了客户的不满和员工的压力。

为什么不大幅减少营销活动，把钱投资于招聘和培训新员工呢？这样一来，进店的顾客大概就会少一些，员工就可以为店里的顾客提供服务，并向他们销售商品。此外，她将专注于推广那些利润可观但很快就能脱销的商品。该公司将向更高比例的消费者销售商品，并提供更好的服务，从而创造更好的购物体验和更高的顾客忠诚度。

无论是在线上还是在线下，业务总是在"转换"。如果顾客不购物，产生大量的顾客是没有意义的。想要更少的顾客听起来有违常理。但是，企业可以通过更有针对性的广告来赚更多的钱，这些广告针对的是更有可能购买某样东西的人。教训是企业要拥有一个联合的方法来营销。营销投资和顾客购物之间往往存在差距。

克莱尔呈现了一份详细的财务分析，以支持她的新想法。这不是高深的火箭科学。只需认清事实，并制订一个高度可行的简单计划。董事会同意了这一策略，克莱尔很高兴，并在一定程度上松了一口气。

平均顾客转化率增长了30%，在一些商店甚至更高。没有人能对这样的进步提出异议！利润也增加了，总体销售额和客户满意度也提高了。总而言之，这是一个很好的例子：审视数据并有勇气做出有据可依的决定。干得漂亮，克莱尔！

行动指南

（1）对于销售而言，营销资金被视为一种可有可无的东西还是一种必不可少的驱动力？

（2）你把营销资金算作一项投资吗？支出是否有望产生可衡量的回报？如果没有，为什么没有呢？

（3）每次都要审核计划。因为重复上一次的活动实在是太容易了。

第十二章
我们入围了：提高营销成功的概率

在某一时刻，每个人都参与了营销业务。一份新合同、一个新职位或一次新晋升。后勤部门、生产部门、服务部门或财务部门。推销过程直接或间接涉及每一个人。

很多高管在向失败者传达令人失望的消息时常常是这么说的：

> "很接近，非常接近。你们难能可贵地获得了第二名，如果其他人帮不上忙，我们还会回来的。请转达我对整个营销团队的谢意。"

既然已经建立了关系，为什么客户或潜在客户还要让自己经历甄选过程带来的痛苦，而不直接指定一家他们已经了解和信任的公司呢？当然，这对任何试图赢得额外业务的公司来说都是最佳选择。使自己处于正确的位置，从而为新的或更多的工作做好准备。我们很快就会讲到这一点。

让我们从企业和客户双方典型的起始位置开始说起。客户需要聘用一名新代理、顾问、信息技术专家，等等。此时经常会出现围绕需要什么所展开的头脑风暴。或许这与一家由于某种原因而未能达到要求的新公司或当前的供应商有关。有人负责撰写说明以获取所需的内容。

这当然是个好主意。一方面，除非决策者们现在委托给了别人，而此人的工作就是用他们善意的解释来说明这种想法。一种传话游戏①进入了这个过程，除非加以审查，否则很容易导致扭曲的简报。这种情况很容易发生，而且在你意识到之前，错误的优先事项就已经进入了这个过程。

另一方面，说明文字为那些打算取得胜利的人提供清晰的指南。相关公司常常要走一条老路。发出邀请函让客户参与其中，随后提出需求建议书，并主动通过电话或会议回答最初的问题。

我曾多次扮演这2种角色，犯了很多错误，这些错误最终导致了一个并非最理想的决定。作为服务的购买者，我经常不能集中自己的全部注意力，在做决定之前并没有真正思考我的想法。此时，很多人都试图解读我的想法，但我没让他们轻易做到。我表现出明显的

---

① 一种古老的多人游戏。多人排成一队后，队首的人通过耳语或肢体语言传达一句话至队尾的人，通常游戏结束时最初的那句话已变得面目全非。——译者注

不感兴趣，让别人在我不在的时候做这件事。

尽管我们很可能都喜欢认为自己是在操作达成共识的决策机器，但如果没有企业领导者的明确支持，资历较浅的管理人员通常不愿意做出任何重大的指定，特别是如果这些领导会永远记得你做了他们不喜欢的事。我希望我渐渐从中吸取教训，我确信我做到了。当资深人士公开反对你想做的事情，但告诉你无论如何都要继续向前的时候，你可能会失去成功的机会，以悲剧收场。

我仍与一些非常资深的高管共事，他们会假装授权或表现出不感兴趣，直到最后一刻才让别人知道他们的想法。这种情况我们都已见过很多次了。这对每个人来说都是一种打击，所以切勿成为这些人中的一员。尽早花时间认真考虑你自己的观点以及他人的观点。在轮子开始转动和机器开始运转之前，讨论并签署最终的说明。

有时候，最佳团队并未获得提名，是因为资历和自我意识的限制，或者轮到某人来表现。这是没有帮助的。你真的不需要为了营销而营销。

我们将把到目前为止所描述的缺陷放到一边，继续假定公司说明或需求建议书基本上都达到了要求。信息已经交换，时间表已经确定，那么接下来做什么呢？

在这个时候，我们应该问问自己，为什么有些公司比其他公司更善于赢得业务？如何才能提高胜负比？什么是"周一革命"式的改进之道？

作为我工作的一部分，我经常是在惨败之后跟进的那个人，与制订简报的公司讨论哪里出了问题。当然，答案取决于每种情况的具体环境和问题。

但是，每个人都可以致力于一些共同的主题来提高成功的概率。认识到正确方法的公司取得成功的机会要大得多。让我们举一个真实的例子：为取得一家跨国食品公司的业务而进行推销的两家公司，为了保密和避免输家的尴尬，我们把一家公司称作"绿公司"，把另一家公司称作"红公司"。

绿公司拥有良好的声誉，几个规模相似的客户，并与这家跨国食品公司的董事长有着良好的关系。最近，绿公司的胜率下降到了25%，该公司基本上将其归因于运气不佳和激进的定价政策。

红公司成立才短短几年，尚处于劣势。由于与跨国食品公司尚没有业务联系，客户数量也不多，红公司需要努力工作，以提高自己的机会。

作为这个过程的一部分，这家跨国食品公司决定召开一系列的"化学"会议。近年来，这些会议已成为普遍做法。在一个更放松的环境中尽早了解潜在供应商的情况，对双方都有好处。

日期都记在工作日程登记簿里了。日期将由负责管理这一过程的"看门人"管理。虽然"看门人"很重要，但"看门人"不会做最后的决定，最后的决定将由新任首席执行官作出。

绿公司参加过许多"化学"会议，并把它们视为一个"开始了解你的时刻"，一个机会——借此非正式地讨论他们的资历和谈论他们所做的工作；一个时机——用以强调为什么他们的业绩记录和经验会让他们成为当天的首选。

红公司有着不同的方法。他们将"化学"会议视作取得优势的重要契机。他们的营销团队回顾了迄今为止的简报和想法。他们拟定了一份清单，清单罗列了会议当天要问的关键问题。他们要在会议中测试他们的方法。重要的是，他们需要了解跨国食品公司新任首席执行官的想法。他们的许多问题都将关注决策者在正式的推销中具体要寻求的东西。

首席执行官是位新人，这是他第一次执掌一家跨国公司。红公司向跨国食品公司的"守门人"建议，与这位首席执行官进行一次简短的通话可以确保推销时间得到最有效的利用。现在，他们被称为"守门人"是有原因的，在某些情况下，这一建议肯定会被驳回。然而，如果小心翼翼地提出，还是可以做到的。"守门人"将这一建议作为自己的想法告诉首席执行官，和红公司的通话就这样发生了。

绿公司在推销当天做好了准备。这是一个非常重要的客户，为了赢得这一客户，他们使出了浑身解数。他们给跨国食品公司的董事长打了电话，董事长同意替他们美言几句。整个团队带着巧妙的图像和道具到场，每个人都有自己的任务。绿公司的董事长将做介绍和总结，但这将是关于经验丰富的团队的。他明确表示，他不需要经常现身。他们离开时感到很高兴。没有时间问太多的问题，但他们相信他们的经验和业绩记录会确保他们赢得这次的生意。

红公司采取了不同的做法。在掌握了内部信息后，他们把展示的内容调整为跨国食品公司认为最重要的问题上。他们没有把时间浪费在冗长的资质说明上。他们提供了简短有力的图表来支持他们的建议。他们留出了足够的时间进行讨论，因为他们知道，这将是跨国食品公司展示自身想法的机会以及他们赢得这笔生意的机会。

跨国食品公司没花多长时间就决定指定红公司为合作方。新任首席执行官意识到，由于自己缺乏经验，他需要高水平的支持。绿公司没有明确提供这一点，而红公司在通电话后确认，他们自己的管理合伙人将按要求提供服务。

绿公司的沮丧是可以理解的。在他们看来，不管怎样，他们输给了一家看上去远不如自己的公司。

当然，红公司明白，在什么时候提出正确的问题并让对方看到自己做出回应十分重要。红公司当年的胜利纪录是五场四胜。绿公司的胜率仍然在四场一胜的低位徘徊，而且他们仍然不知道其中原因。

这是个典型的故事，它说明了为什么一些公司常常花费大量精力寻找潜在客户，结果却在最后一刻把事情搞砸了。这完全是可以避免的。花时间去了解决策者在会议上认为真正重要的东西，这非常关键。

公司常把自己的资质置于幻灯片开头。在我看来，这是傲慢的表现："看看我们，我们是不是很棒！"我一直都告诉营销公司，不要向我展示那些我可以在他们的网站上看到的东西。在任何情况下，幻灯片的数量都不要超过10张。如果他们必须展示更多的内容，就把它们放在附录里——如果这样做可以让他们感觉更好。这听起来很苛刻，但在推销中，我真正想看的是他们的构成，而不是看一个经过精心排练、可能与现实状况相去甚远的光鲜门面。我想让他们事先问我有多少时间，让我确认什么是重要的以及如何做决定。

当我为失败的推销团队做事后剖析时，我会试图弄清失败的真正原因。失败的原因和成功公司成功的原因几乎不沾边。价格几乎从来都不是一个因素，只是一种回避真正原因的方便因素，而真正的原因可能是失败者不那么容易接受的。

从正面看，团队之所以取胜，是因为几个共同因素。所有人都可以轻易接受这些因素，并且这些因素会将成功的概率提高好几倍。

切勿从表面看待简报、说明、需求建议书等。这可能无法真正代表公司的需求。或许公司尚未考虑透彻，或许他们不知道该怎么做。利用一切机会，更多地了解他们的需求，并让他们提前同意这就是他们所需要的。这样一来，你就可以会议当天做出回应，说在讨论了你的真实要求和优先事项后，我们的想法是这样的。

这有一个非常重要的额外好处。你费尽心思地去了解情况。你不只是把上次向别人展示的内容封存起来。你所展示的内容是一套定制的答案和建议。你充满激情，你关心的是如何深入挖掘业务。这就是你完成任务的方式，也绝对反映出了你被聘用后的表现。

你到达的时候就知道将如何做决定。你事先的研究告诉你对方公司将做出怎样的决定。你知道有哪些影响因素，并据此调整你的推销方式。你用脱口而出的例子回避他们的问题，再加上你为其他客户带来成功的案例，生意应该是你的。

当需要对一个失败的公司作出反馈时，作为一名领导，我总是试图以公开、清晰和具有建设性的方式提出批评。糖衣炮弹式的回应对他们没有任何作用。在很多场合，我都说所介绍的个人不适合我们。我们根本无法想象在未来几年与他们合作。

我听过太多这样的故事：在漫长的一天结束后，向高管们推销，可是高管们听的推销已经够多了！在这样的情况下，没有人会得到好处，所以请尽量避免。

最后一点，我记得我曾采访过一位首席执行官，他把生意交给了一家公司的竞争对手，而我正是这家公司的非执行董事。经过20分钟的通话，我很确定我还没有找到问题的根源——为什么我们会失败。同样，这也归结于没有事先了解情况。这家公司归一家私募股权公司所有，后者想出售他们的股份。出于他们是所有者，我们把所有的精力都放在了提案上。按照他们的要求，为他们找到一个买家。

与我交谈的首席执行官承认这是应该经历的过程。但胜出的团队"不辞辛劳"离开伦敦，到对方位于200英里外的工厂与管理层会面，听取优选意见。管理层并不希望将股份卖给同行业的更大企业。他们希望有一家新的私募股权公司购买其股份，以保持投资快速注入。最后，我们输了，因为我们只提供了一个选择，而且为了给公司报价，我们没有理会经营该企业的人。这是一个经验教训。

行动指南

（1）最终目标不是入选，而是赢得生意。

（2）信息是取得优势的关键。如果你知道你的竞争对手不知道的信息，这是很有优势的。

（3）建立早期信任关系。

（4）排练角色，预测问题。

第十三章
交叉销售①: 在从理论到实践的过程中不要发脾气

我很苦恼,不知道该从何说起。只因为我觉得对于这个简单的话题,我有很多话要说。从理论上看,这是一场轻而易举的胜利。一个蓝筹股客户群已经在市场上购买附加产品。我们以正确的方式将这些产品与我们已经在销售的产品包装在一起,可以实现更多的销售额!

前段时间,我和一家全球专业服务公司的合伙人共进午餐。我们在几年前见过面,当时她的公司曾为我们的客户投过标,但失败了。我们进行了坦诚的讨论,双方都学到了关于业务招标不精确过程中的有益经验。

---

① 交叉销售指在销售人员获得一个客户后,通过对客户的深入了解,发现销售不同产品或向不同部门(或客户)销售的机会。——译者注

我担任过几家公司的顾问，因此这位合伙人问我是否可以帮她解决一个棘手的问题。她解释说，她的公司决定成立一个新的部门，而且已经投入了巨资。

不幸的是，计划赶不上变化，而我能否参与其中并解决这个问题呢？我很容易在没有经过深思熟虑的情况下接手项目。这一次的经历就是一个最好的例子。两年后，我还在想，为什么我会被挤进伦敦的地铁里，前往我不太喜欢的地方。

但我致力于帮助别人，所以我当然会坚持下去。一开始，我们聘请了一位经验丰富但薪资高昂的高管。我们花了两年时间确定人选并说服他辞去当时的工作，举家搬离澳大利亚。我的朋友解释说，他当时正在建立的咨询服务是他们当前的客户迫切需要的。把他们从他们现有的供应商那里转到我们这里，应该是很简单的事情。他们使用别人的服务，只是因为我们目前不能满足他们的需求。

在几次进一步的会面之后，我答应帮忙。事实上，被认为是一个可以解决问题的人，我受宠若惊。这家公司很少聘用公司以外的人员来解决问题。有人告诉我："我们大都相信自己可以解决问题。"

我没花多少时间就明白了为什么这个计划未能达到预期。和以往一样，这归根结底是人的问题。我不理解的是，这家公司的领导者认为，如果你在其他公司能够胜任某些职位，他们就没有必要深挖你的能力。

的确，这是不恰当的。如果你是一名毕业生，有幸进入该公司的招聘环节，应当不遗余力地展示自己。但如果你应聘高管职位，却只需提供有限的证明。我们这位来自澳大利亚的朋友加入公司后，得到了预算，制订了一项商业计划，聘用了一些员工，便启动了项目。

直到他的名字出现在财务部门的一份报表中，该报表突出显示了他的项目销售业绩不佳。这怎么可能呢？该公司有成千上万的客户，许多客户都愿意考虑这位来自澳大利亚的新领导和他经验丰富的团队提供的服务。为什么没有销售业绩？

我天真地以为，像这样的一家公司，应该会有计划和流程来向客户销售附加的服务。当然，会有全方位的复杂交叉销售奖惩机制，以加速发展进程。但实际上没有这样的安排。后来有人告诉我，公司的其他部门存在这样的安排。但遗憾的是，我工作的部门没有这样的安排。

如果你是一位合伙人，打理着一项生意，与客户关系密切，那就完全没有理由与同事分享这些。确实，预算中的一部分可能会被挪用，使你的收入和个人利润分成受损。更何况你的联系人不一定是你推销新产品的合适人选。可能是他（她）在其他公司的对手，使事情更加复杂的是，可能会迫使他（她）介绍你的同事——从目前来看，你并不了解他（她），也不太喜欢他（她）。

尽管如此，该公司对目前的供应商还是很满意，除非我们能以更低的价格提供更优质的东西，否则他们就没有理由换供应商。

这就是我遇到的问题，而且问题还不止于此。正如我在前面所说，大多数公司都喜欢尝试自己解决问题。这比付钱请别人帮忙更便宜，但偶尔也会因为难度太大而找公司以外的人员来解决。不可避免的情况是，有时你唯一能给的建议就是解聘不能胜任工作的员工。

在这种特殊情况下，他辞职了，这是个不错的决定，但事实证明这是一个代价高昂的错误。然而，这本应该是一个新业务部门的开始。就算是现在，它仍然有可能成为一个新业务部门的开始。但该公司要怎样做才能实现这一点呢？

他们可以在一些值得信赖的客户身上测试新部门的提议。向他们展示一个测试模型，然后说:"如果我们要做这个，你会买吗?"我知道一些公司总是这样做，而且效果很好。他们不会掉入这样的陷阱:认为自己总是知道客户想要什么。他们会询问客户。

做实习销售员时，我被告知要始终向顾客提供购买的机会。当然，你必须对他们可能的反应作出预判，并能处理任何反对意见。但不介绍产品，不给他们购买或拒绝的权力，这是不可原谅的。

那么你如何才能使交叉销售取得成功呢？我所在的公司如何才能利用他们重要的全球客户群来销售更多的产品和服务呢？

这需要文化上的转变和经过重新定义的商业价值观，外加在整个组织实施的个人财务奖励和问责制度。这不是一件容易的事。但是，如果仅仅因为推销恰好符合公司的利益，就指望高管们去推销，这很难成为一个令人信服的战略，不是吗？

同以往一样，销售始于客户。一家公司常常会生产和销售互补的产品，但却分开销售这些产品。在购买端，不同的购买者会有不同的需求。

我曾为一家刚刚在美国起步的公司工作。在英国建立了一家成功的初创企业之后，他们受邀与一家规模更大的公司共享部分办公空间，理由是这家公司可以利用他们的销售和营销团队，帮忙推进销售。他们采用了我公司的产品，但未能取得多大进展。他们现有的买家并不是我们真正的客户，所以他们不得不向他们的同事进行介绍。他们的销售人员并不真正了解产品，销售对他们而言也不是生死攸关的事情。毕竟，他们要负责并从中获得报酬的是销售核心业务。

成功的交叉销售需要一种新的市场策略。我们的客户已经在购买草籽了，难道我们不能卖给他们一台割草机和可能的后续保养服务吗？当然可以。但这需要一个精心的计划和一些证据来确立需求。他们为什么要从现有的供应商那里转投我们？为什么我们的产品更优越？我们的产品有什么好处？在对销售团队进行培训、激励和问责之前，需要回答所有这些问题。将现有的服务作为附加服务来销售，很少能成功。你需要在整个公司营造一种重视的文化。这不是可有可无的东西。

我还知道另一家公司，由于项目成功，资金充裕，除了提供主要服务，已经提供了三项辅助服务。这些辅助服务使该公司能够对客户做出反应，从而与客户保持密切的关系，另外还有助于赢得新客户。该公司审慎地将这些服务单独计入损益表，结果都是亏损。其中一项是创意业务 —— 为客户提供设计服务。

在我看来，这没有必要。市场供应过剩，从大型机构到自由职业者，无一例外。但令我失望的是，该公司认为规模很重要，并开始实施一项战略，购买他们已经拥有的东西的一个更大版本。与他们的高利润留存收益业务相比，这并不是一个好主意。

在我看来，这些指标并不靠谱。在一些类似的创意企业工作过之后，我再也不会投资其中任何一家（我曾投资过一次，但我的钱打了水漂）。几乎没有回头客业务，总是需要新的技术设备，利润率低，原因是市场供过于求导致的激烈竞争。为什么要用你的高质量收益来换取会使企业贬值的财务状况？

我不确定董事会怎么会认为这是一个好主意。幸运的是，我成功地说服了他们，说服他们如果投资，就应该在其他地方投资。有时候，如果组织不能将资金用于投资，以创造更多的价值，那么最好的办法是将资金留在银行，作为股息分配。

正如我们所见，只要你开始挖掘，交叉销售就能带我们进入一个组织的各个部分，暴露各个部分的缺陷和优势。包括采取非常周密的方法、销售额外的服务等。

交叉销售是理论上可行的做法的一个典型例子，它以较低的购置成本从现有客户那里获得额外的收入。在销售和客户管理到位的情况下，协同效应和后续的上升空间是显而易见的。

现实情况有些不同。成功需要的是客户的洞察力和你的完全一致。明白这一点的公司很少，但那些明白这一点的公司比不明白这一点的公司发展得更快。

行动指南

（1）在你开始任何形式的交叉销售举措（无论是收购还是附加上产品或服务）之前，都要确立需求佐证。

（2）查看现有的购买概况。你目前的客户联系人会是合适的买家吗？

（3）如果你的高管对产品了解不足，而接收者又是错误的人选，需要双方进行新的介绍，那么这将比你最初想象的时间更长，难度更大。

（4）创建一个将所有障碍考虑在内的计划。从买方需求到自己的销售高管和流程。

（5）制订目标责任制度。

第十四章
演出开始：影响力巨大的研讨会和活动

多年来，我参加过很多结果各异的活动。有些活动特别好，但也有一些活动不怎么样。是什么让你花费的金钱和时间变得有价值？你如何确保你的活动为你自己以及与会者们带来持久的价值？

许多公司将活动用于业务开发。这使公司得以展示自己的资历，并在他们可以控制的有利环境中介绍公司的高管。对于其他公司来说，目的很简单，就是赚钱。出版公司为了应对不断下降的发行量，开发了新的会议收入来源。或者通过活动营销公司本身，通过选择热门话题和聘请知识渊博的知名演讲者来吸引人。

无论出于何种动机，所有公司应该都想要上演一些可以衡量和重复的成功案例。有很多陷阱需要避开，也有很多简易步骤可以提高成功概率。

重要的不是你想说什么，而是大众想听什么。我记得在一场音乐会上，当英国著名音乐人埃尔顿·约翰（Elton John）宣布他将要演奏他新专辑中的所有歌曲时，我身旁的一个人说："哦，天哪，这简直是错上加错。"从你自己的议程开始是个错误。首要问题应该是：我们希望他们带着怎样的感受离开房间？我们如何才能影响他们未来的行为？简单的答案可能是：他们比来的时候懂得更多，觉得他们的时间花得值得，并且认为举办活动的公司是他们领域内的权威。

一种常见的方法可能是在市场上立刻作出改变，成为拥有专业知识和观点的公司。我曾在一家公司工作，这家公司在这方面做得非常出色。他们确定了在一个特定市场中即将发生的立法变化的时间表，并认为自己应该始终做两件事：尽可能清晰地呈现新信息，并加上他们对当前和潜在客户的影响的专业观点。

这就需要让他们自己公司里公认的权威专家以及公司以外其他公认的权威专家参与进来，并建立一个在内容上令人信服的方案。公司知道，收到邀请函的人应该会立即觉得查看自己的个人空闲时间是值得的，因为参加会议符合他们的利益。

在活动开始之前，公司会发送简短的预告信息，以建立期望值。活动常常在上午进行，而且从来不会超过3个小时。为什么呢？我们知道，午餐之后，由于其他优先事项需要首先处理，人们可能会回到办公室，导致出席率急剧下降。而要保持一整天的质量是很有挑战性的。那为什么还要这么做呢？

该公司确保每次演讲的时间最多15分钟，并且每次演讲都有一个明确的主旨。另外还会给出10分钟的问答时间，这将是提供见解和专业知识的真正契机。大多数人不会演练这一部分内容，但我认为这是必不可少的。不仅要预知问题并给出有见地的回答，而且要把回答作为另一个传递信息的时机。

至关重要的一点是，要有一位经验丰富的会议主席来保持一切活动紧密连接和按部就班。无论活动的目的是什么，关键是要记住，真正重要的机会将在接下来的几个小时和几天之内出现。在会前和会后，人们应该有时间交流，因为大家确实很珍视与自己领域内的其他人交流的机会。

许多公司的失误之处在于把所有的精力都投入活动本身。在某种程度上，这是可理解的，但如果活动的目的是宣传你的公司，建立一些新的关系和销售一些服务或产品，那么后续工作是至关重要的。然而，很多公司并没有这样做，他们在等待"电话铃声响起"，但很多时候，电话铃声并未响起。

在我参与的活动中，我告诉与会者，我会亲自与他们联系，确定见面的时间。我会在24小时内跟进，而且效果非常好。在任何情况下，都不能让这个机会溜走。围绕一个热门话题的一份具有吸引力的活动邀请函，在合适的时间发送给合适的人，可以得到回报。它将建立你的声誉，形成在未来产生效益的新关系。

策划这些活动是一项艰苦的工作，但回报是巨大的。我们正在努力与新的客户以及忠实的长期客户建立业务联系。我们需要优质的产品和服务资源来实现这一目标。这是一个向现有客户展示的机会，同时也是一个向新客户介绍公司的机会。

通过展示你的专业知识并慷慨地（无偿）分享这一知识，你可以创造巨大的动力。它在各个层面都能发挥作用，从为你现有的及未来的客户提供网络契机，到为在线流媒体和公关创造优质的选材。

行动指南

（1）什么即将到来？什么是热点？你想因为什么而出名？建立一个滚动的想法档案。

（2）制订计划。如何与你现在的和未来的客户产生共鸣？假设计划对你来说是可行的，但它能满足客户的需求吗？

（3）计划一年的活动，并确保所有相关的营销材料按时发出。很多时候，邀请函可能会迟到或在最后一刻才发出，通常因为有太多人要签收邀请函。不要陷入困境。

（4）一直与受邀者联系，告知演讲者的最新情况。建立期望。

（5）在图表、信息、时间和问答方面约束你的演讲者。在任何情况下都不要给他们一个公开的简报，让他们去做。

（6）创造演讲前后的交流时间。

（7）跟进每一位参会者，被纳入你的关系网的人以及那些没有出现的人。

（8）把后续工作作为活动的一部分来规划。告诉每个人，你会与他们联系，讨论他们与主题相关的特殊需求。

第十五章
让他人了解你：如何才能显得更有吸引力

开发业务可能是一项耗时、偶尔还很繁重的任务。尽管有新技术、人工智能和算法，但这项任务仍然带来了许多挑战。但以正确的方式花时间专注于一件事，是可以富有成效并最终获得商业回报的。

我们想知道客户在做什么，他们身在何处。我们可以通过各种方法看清他们的行为和描绘他们的消费模式。此外，有大量的软件可以跟踪我们为赢得他们的业务所付出的努力。各个行业都可以支持我们的营销和销售举措。

这一切都很好，与过去企业建立潜在客户名单和客户群的方式相比，这是一个重大改变。虽然机器人正在接管许多普通的任务，但你还不能派一个机器人去开会。但这种情况正在迅速改变。在无须人类干预的情况下，计算机已经可以相互做生意了。

但就目前而言，让你从未见过的人对你产生兴趣，就得靠你自己了。经常有人问我，建立联系的最佳方式是什么？"我发出的邮件得不到回复，我的语音呼叫也从未收到回音"是常见的抱怨。一方面，你可以直接联系别人，但另一方面，他们就是不回应。

我们都会收到自己不喜欢的邀请，通常是一般性的邀请，我们早已没有了最初的礼貌风度进行回复。与人们建立联系有更好的方法，但这些方法需要付出更多努力，而不仅仅是用键盘敲出一份考虑不周的电子邮件。但是，我见识过人们从一位最初态度冰冷的联系人手中赢得了数额巨大的长期合同。所以，这是可以做到的，但其中的秘诀是什么呢？

有时候，这需要的是一封高度个性化的电子邮件，反映出为了以下目的而付出的努力：了解一家公司、它的战略以及你可能如何给予帮助。这需要调研和自信。我的意思是自信而不自大。你可以通过电子邮件主动分享和该行业有关的想法和知识，或许还有一些特别委托的和其他地方无法获得的市场洞察结果。承认你可能对目前的供应商非常满意；但也会考虑其他合适的供应商。

另外，当我在与联合利华和雀巢等大公司的营销人员安排会议时，我发现，最成功的策略是对他们的市场进行一些他们未曾进行过的研究。我专注于食品杂货行业，并能提供哪些快速消费品在哪些地区（按营销区域划分）卖得最好的数据。这些信息是我的公司特别委托的，具体目的是促使我工作的电视公司打开大门并赢得广告支出。我不得不说，它的效果相当不错。

这两种方法具有相关性，并且都依赖稀缺因素。如果我有什么东西能让你在追求更多销量和利润的过程中获得更大的成功，你会感兴趣的。如果代价是一次介绍会，它可能值得你去行动。

另一种常见的方法是社交软件（如领英）。我不知道你的情况，但相较于其他任何媒介，我可能通过这个媒介获得更多的初始联系人。我认为，如果你对一个联系人的添加表示认可，这就意味着你同意与对方保持联系。我甚至可以说，我很有信心，仅凭利用我的社交软件中的联系人建立起我的咨询业务。

要想得到回复，邮件必须具体明确。普通邮件是做不到这一点的，所以不要发送这样的邮件，因为这是在浪费时间，而且对提升你公司的形象毫无帮助。经常有人问我关于电话和语音邮件的问题。大多数人不会回复不请自来的电话，也不会给不认识的人回语音邮件。如果你认识某人，通过电话跟进是没有问题的。如果你不认识对方，那就别费劲了。

建立潜在客户网的更有效方法还有很多，我们将在下一章进行介绍。

行动指南

（1）大多数人认为建立关系网极具挑战性，害怕遭到拒绝。对于那些知道该如何建立关系网的人来说，这是一个机会。

（2）留出时间来计划你的做法。你可能获得极大的回报，你需要做好准备。

（3）用以建立数据库和客户名单的工具有很多。通过社交平台建立网络联系相对容易。

（4）联系应该经过充分的研究，具有相关性和说服力。独家定制的信息或分析通常可行，但不必冗长或昂贵。

（5）引起收件人的好奇心和兴趣。

（6）普通邮件、电话和语音邮件是浪费时间的方式，应该避免。

第十六章
可能是人情：不容小觑的关系

没有什么比关系更重要。没有哪两种关系是一模一样的。但无论是商业、娱乐还是介于两者之间的任何事物，它们毫无疑问都是完成任务的关键。

这是一本商业书，因此我们将关注具有商业视角的关系，并绕过任何其他类型的关系。但我要承认，偶尔会出现模糊、混乱和重叠的情况。

乔尼是我认识的最优秀的销售员之一。我向他请教获得优质客户所依靠的有效方法是什么。毕竟，他尝试过很多方法。我问道："乔尼，根据你一直以来的经验，会见决策者，建立关系网并赢得生意，要做到这些，有效方法是什么？"乔尼毫不犹豫地回答道："推荐和介绍，就是这样。专注于你认识的人和这些人认识的人。

你总会认识某个让你起步的人。英国人喜欢做介绍。当然，他们大多不是合适的人，但他们可以把我介绍给认识别人的人。他们也确实这么做了。"

你看，当有人介绍他人给你认识时，几乎都会受到欢迎。"嘿，大卫，我想把你介绍给乔尼。他正在你的领域做着一些非常有趣的事情，这可能正是你的公司应该研究的。"或者更好的说辞是："我们使用他们的产品，产生了真正的商业影响，你们或许应该见上一面。"

和人们在会议、餐厅、演讲者活动中见面，是相互接触和建立关系网的有效方式。要想获得成功，就应该心中有目标，并有条不紊地推进。如果你仅仅是现身并希望自己成为幸运儿，你可能会成为幸运儿。但为什么不让情况有利于你呢？

想想你想和谁见面，你能说些什么让他们感兴趣并找到你说的东西。最近一段时间，我的很多工作都是这样产生的，因此，我也随之被介绍给别人。一旦我证明自己是一个"值得信赖的顾问"—— 就像我们喜欢说的那样（可能有点太频繁了）—— 我现有的客户联系人就会毫不犹豫地主动把我介绍给其他人。我也会这样做。

与我见面的人会对我的庞大关系网发表评论，并想知道它是怎么来的。正如我经常对这些人说的那样："这可不是一个意外。"要建立一个关系网，你必须真正对人们感兴趣。他们是做什么的？他们为什么要这么做？驱使他们这么做的动机是什么？好奇心是关键。如果你基本上对试图给人留下深刻印象感兴趣，那就让我们面对现实吧，我们认识很多那样的人，你不会走得太远。

文斯·鲍尔（Vince Power），这位音乐界的企业家，多年来给我介绍了很多人。文斯深谙关系之道，深知如何让自己认识和信任的人参与到他的商业活动中来。他具有爱尔兰人借以闻名于世的那种魅力，有时我也会抛开自己天生的谨慎，被他迷倒。虽然结局并不总是好的，但从来都不会沉闷。在文斯的世界里，丰富多彩的人物比比皆是。

几年前，文斯把我介绍给了他的朋友詹姆斯——又一个迷人的爱尔兰人，70多岁，扎着非常酷的银灰色马尾辫。我们喝了几杯，谈论起友谊。詹姆斯送了我两句谚语，他说他常常会想起这两句谚语：一句是"如果一个人不在生活中结交新的朋友，那么他将孤独终老"；还有一句是"一个人的友谊应该不断得到修补"。

这两句谚语道出了建立和保持人际关系的精髓。人际关系不是随便发生的，你必须寻找它们，让自己处在一个感兴趣、好奇、细心的位置，并建立融洽和信任。

而一旦你做到了这一点，人际关系就需要发展、维护和照顾。

那些羡慕别人的关系网的人，可能不太确定如何建立自己的关系网。这样的人往往缺乏信心和经验，认为关系网建立在机会的基础之上。这种情况确实会发生，但你如何能提升机会？你如何创造环境来改善你认识新朋友（这些人可能会成为你生意上的客户、其他人的介绍人、朋友或者集三种身份于一身）的前景？

拥有正确的心态很重要。我把它比作周一晚上买票在偏僻之地看演唱会。说到这里，你已经累了，这一天太漫长了，天气很糟糕，跋山涉水穿过城市的想法已经失去了吸引力。但你必须到那儿去，因为其他人在等你，而在最后一刻放别人鸽子不是你的作风。

你猜怎么着？乐队很棒，比预想的要好很多，你真的很高兴自己没有选择退缩。任何活动都是如此，如果你不去，你永远都不会知道自己错过了什么机会。所以，不去可能是个简单但错误的决定。我当然会犯这样的错误，你们大多数人也会犯。然而，我们都可以举出很多这样的例子：现身和某人见面，而这个人可能使这次会面成为一次改变一生的经历。抛开那些消极的想法，迈出你的脚步。

如果你想建立一家企业并创造新的机会，你就必须主动出击。以看似随意的方式与人见面，可以带来新的员工、产品创意、业务推销。事实上，它带来的是无数有趣和有价值的情景，这些情景可以发展为有意义的东西。

请记住，尽量选择工作场所以外的地方。我记得我曾在一家公司工作，这家公司的创始人确实没有想清楚这一点。他决定在公司内部建立一个高级餐饮区来招待当前的客户和未来的客户。

首先，不管你想如何描述，办公环境就是那样。当然，在另一个楼层安排美妙的餐饮和原创的艺术作品是有帮助的。我曾被质疑，为什么作为一名董事，我大多数时候选择不使用该设施，而是选择公司大楼以外的地方。

正如我在被问到这个问题时所说的："这一切都很棒，但你不会遇到任何人。"我的意思是，在公司之外，我会碰到其他人，被介绍给别人，并通过在合适的地方现身来维持我的关系网。不管你对公司内部如何装饰，在我看来，这就是公司内部，价值有限。很多年前，我的另一位老板坚持要我们使用公司的会客餐厅。这意味着要带着客户穿过员工餐厅到达一间侧室，且里面的食物和服务和高档餐厅相比差得很远，而我们的大部分客人都习惯在高档餐厅用餐。

这样的信息再次引起了共鸣。策划活动以创造机会，其重要性再怎么强调也不为过。抽出时间做这件事。确保你这一周安排得井井有条，一周的优先安排是结交新的人。我不确定"人与人的关系最多不会超过7个人"这一说法的证据在哪里，但在此基础上工作却是真的。这意味着你永远不会离那个至关重要的联系人太远。

"周一革命"重视明智地投入时间。建立人际关系是说明如何实现这一目标的一个极佳例子。

我已经说过，我的业务联系人往往源自在某种程度上没有计划的场合。我通过社交活动建立持久且有益的商业关系可能比其他任何方式都来得频繁。在社交场合，人们更放松，更愿意与人分享，这是电子邮件、电话和语音邮件无法实现的。

人们感兴趣、好奇、善解人意，就会与人分享他们生意上的难处、挑战和计划。对双方来说，结果都有好处。当然，在许多场合，这并不起作用。但是，坚持不懈会获得回报。

在我看来，这是最难的一点，因为它需要主动性、自信心和计划。当然，还需要立即跟进。"你明天可以联系我安排会议"，而不是"如果你有兴趣就和我联系"。

建立重要联系人网络之后，如何确保他们保持兴趣、相关性和可用性？这个客户可以购买你的产品，每年支出更多费用，在他们离开时带你去他们的新公司，并把你介绍给他们社交网中重要的联系人。正如我的朋友詹姆斯所说，友谊应该不断得到修补。

像我一样，你可能一直惊讶于大多数组织在完成繁重的工作之后，他们在"照顾"你时多么没用。那是因为他们知道你是谁，你从他们那里买了东西。这可能是一个棘手的问题。但是，从基础层面来讲，公司常常是无能的。

在对我的眼睛进行检测之后，我们当地的眼镜店确定我需要新的镜片。这是一个绝佳的销售机会。他们掌握了所有的信息，应该会有一个销售机会。但我说我有急事，就把他们推掉了。他们本可以做很多事情来促使我当时在那里消费，但最后什么都没有，他们就这样让我走了，从此我再也没有收到任何消息。

这是很多商业领域的现象。赢得了客户，最初的推销取得了成功，大家都为获得一个新客户而欢欣鼓舞。但在未来某个时刻，关系开始变得平淡。埃迪（Eddie）是我多年前认识的一位商业顾问，他向我解释了整个过程，他的解释很有道理。

"事情是这样的，生意关系可以被比作人际关系，两者往往是相同或相似的。因为这是它们的真实面目，如果你这样想，它就很有道理。"

当你第一次遇到你喜欢的人时，你们之间的关系可以出现友谊、信任和相互尊重。花时间陪伴彼此是一种乐趣，也是值得期待的事情。你们可能会发展成情侣或者夫妻。一段时间之内，一切都很好，但热情会在之后褪去。一切都更容易预测，最初的热情成了过去。如果不做任何事情来重新点燃或恢复热情，关系可能趋于平淡甚至疏远。

你的伙伴会开始关注其他人，这些人比你更有趣，更令人兴奋，似乎能够带来新的想法、问题的新答案，并且对他们的公司充满热情。与此同时，你原来的关系并没有恢复热情的迹象。出现裂痕只是时间问题，甚至是分手和离婚。

埃迪解释说情况不一定非得是这样，但人们往往变得自满和懒惰，不去修复关系。在一些行业中，评判公司进步的依据是他们赢得新客户。他们就是这样奖励他们的员工的，他们的时间也正是花在这些地方。他们往往忽略了维护之前赢得的客户，这些老客户也能感觉到自己没有受到特别的喜爱。

这里有一个与钓鱼有关的隐喻很不错。钓鳟鱼的时候，你往河流上游抛出飞蝇，水面上的飞蝇会朝你漂回来。你在水流中回收鱼线是很重要的，这样你和飞蝇之间就会一直有直接的交流。当鱼咬钩时，如果你不"修正"鱼线，你就无法将鱼钩扎进鱼嘴里，因为你的鱼线将呈不规则的环形浮在水面上。鱼会把鱼钩吐出来，最后可能被别人钓走了。这正是发生在各种关系中的情况。你需要经常与别人保持联系。

那么该怎么做呢？埃迪有一个策略，不但可以留住客户，还可以增加收入。"大卫，让现有的客户消费比让新客户消费要容易得多。"埃迪如是说。当然，他说得没错。如果你处理得当的话。但首先他解释了自己如何试图确保客户不流失。他说："这和退出障碍有关，是客户在你提供的中心服务之外会失去的东西。"确保他们知道这一点。

当然，你提供什么将取决于你从事的行业。从剧场晚会到定制的报告和消息在内的一切。定期进行个人联系以确保一切按计划推进；开展社交活动和相互介绍；开展合作伙伴间的娱乐活动；更新最新市场信息，以此帮助你的联系人保持领先地位；剖析每一位客户，了解他们的业务需求和个人喜好，这是你能做的最有价值的事情之一。这些可以让你建立一套专门的赢得和维护客户的方法。

客户流失是一项重要的业绩衡量指标，因为它表明了许多或好或坏的潜在问题。在很多情况下，客户并不想放弃你的服务，但你却让他们很难留下来。毫无疑问，这几乎总是与沟通缺乏和忽视有关。而当新人满怀热情和新想法出现时……哦，你很难说不。正如我们刚刚讨论的，在现有的关系中付出努力好处多多。

行动指南

（1）关系在你的生活中是重要和珍贵的。看看你已经拥有了什么，你可以做些什么来加强和维持你的关系。

（2）新的关系会因为各种原因在各种地方产生。更多地走出去，真诚地表现出你对他人的兴趣和好奇，以此改善你的关系网。

（3）慷慨地向他人伸以援手，不要总把它看成一种对等的安排。好事会接踵而来。

第四部分　组织

第十七章
抱歉，我正在开会：
花时间做正确的事情

作为实现"周一革命"做事方式的一条基本准则，你不履职行为应该是尽量避免参加内部会议。我听人们抱怨说他们没有足够的时间完成日常工作，在他们给出的众多理由中，把时间花在会议上是最常见的问题。

为什么会这样？可以肯定的是，组织和召开这些会议的人正是那些抱怨的人，而且很可能现在仍然如此。无论是一对一会议还是多人会议，会议每天都在举行，并且占用了大量时间。有些高管甚至告诉我，每年年初，他们的日程表上都会显示数百场会议。

这是一种疯狂的状态。然而，尽管存在现有的技术、即时报告、快速信息和数据共享，会议文化仍然渗透到了我们的工作之中。会议文化需要停下来。至少，如果你想建立一家快速发展的企业，确保每一分钟的宝贵时间都不会浪费在讨论一些不相关的枝节问题上，会议文化就确实需要停下来。

你见过有人抱怨说自己在开会上花的时间还不够吗？"很抱歉，我这周只有23场内部会议，坦率地说，应该更多。"你有没有注意到那些一天到晚似乎总在开会的人？他们永远没有时间拨打（或接听）电话，不能对问题做出快速反应，并且似乎要花很长时间才能完成工作。对这些人来说，会议通常是"看看我要去哪儿"的状态和"我需要参加那场会议"的结合。

作为一名企业领导者，我有权掌控自己的日程，至少在一定程度上如此。过去，公司的日程常常妨碍我的工作，但就公司内部会议而言，我至少可以选择。我尽力避免因召开会议而占用同事的时间。如果受邀参加会议，我通常只同意参加总结讨论和决策。坚持"告诉我你们要去哪里，我们能就什么达成一致"的原则。通常情况下，在15分钟内，我就会离开。

这里的关键资源就是时间。你的时间最好用在哪里？你能掌控的时间有多少，有多少时间受他人支配？你又能做些什么来管理自己的优先任务并影响他人重视时间管理？时间的问题在于它没有保质期。当它消失的时候，它就消失了，永远地消失了。

花时间完成正确的事情，除了完成或推进重要任务之外，还有其他好处。它能产生巨大的满足感和幸福感，带来的能量和热情可以超越你自身传递给你周围的人。

但问题依然存在：你能做些什么？如果你无法摆脱这些会议，又如何让它们变得更好呢？作为一名组织者，你能做些什么来创造富有成效的聚会，让人们期待加入其中？

这正是"周一革命"的核心所在：能够查看自身的日程安排，清楚是否有足够的时间来完成正确的事情；参加那些你能做出贡献并受到他人重视的重要会议，最重要的是参加那些将推动你以及你的组织向前发展的会议，不要拖慢会议的进度并阻碍它的进程。

几年前，我参加了一场由一位新董事主持的会议。当时我对他不太了解。但事实证明，他是一个成就极高的人，知道如何与人交往。

你知道会议什么时候会偏离主题吗？你当然知道，你已经经历过无数次了。那些让人讨厌的人喜欢和同事进行一对一交谈，而这些谈话和其他人无关。在这种情况下，你期待着有人来将会议带回正轨。

好吧，这个新来的家伙在一个完全陌生的环境中积累了经验，并将其应用到他的团队会议中。事实上，这推动了他的整个管理方法。这是一个有关目标和优先事项的简单工具。你可以从现在开始就应用它，我保证生产力会很快得到提高。

他的名字叫伊恩（Ian），参加过一次环球游艇比赛。他很少出海，但他想挑战自己逃出他的舒适区。在他出海的第一天，船长与船员们开了一个会。他让谈话变得迂回曲折，会议没有重点，就像我描述过的那些会议。

然后他说了这样的话：

"我们为什么在这里？我们在这里是因为我们试图赢得一场比赛。从现在开始，我们在这张桌子上讨论的只能是让船开得更快的事情，其他的事情都不讨论。"

这些简单的话语将深刻影响船员们的行为。毋庸置疑，这些话提醒每个人他们上船的原因以及在日常会议上期望得到什么收获。如果你要说的话并不能直接有助于获胜，那就不要说出来。

这些话也体现了船长的领导力。从那时起，每个人都知道船长的指示将是明确而不含糊的。

想象一下，在你自己的公司，如果你把日程和讨论限制在业务的关键驱动力之上会怎样。没有离题的胡言乱语，只是集中讨论真正重要的事。然后商定明确的行动，并将其贯彻到底。"在我们的会议上，我们只讨论我们需要做什么来增加市场份额，绝无其他。"想象一下，把"营销策略"会议改为"商定一件以增长市场份额为目的的事"的会议。或者把会议主题从"患者服务工作"改成"从明天开始减少患者的等待时间"。

拥有单一目标，有助于每一个人将精力集中在需要做的事情上。这么做之所以有效，是因为它能确保人们更清楚地思考他们将要说的话以及所说的话是否恰当。它能使会议按部就班地进行，防止旁枝末节的问题占用宝贵的时间。

这是一个很好的例子：把某种完全不相关的东西，比如赛艇，应用到商业场合。这是一件做起来非常简单却不太明显的事情。

在熟悉的事物之外寻找解决方案可以带来高效的结果，并为高管们提供有益的参考。这是"周一革命"的一条基本指导原则。如果你有一个问题需要解决，就从已经解决这个问题的人那里找答案。

这里有一些实用的想法，可以帮你改善可用时间的使用效率，让参与会议变得更有价值、更有成效，并以高效的方式召开你自己的会议。

在我担任顾问期间，听高管们喊得最多的就是"我没有足够的时间"。我理解他们，我也曾有过这样的经历。这说明你缺乏控制力，因为你的时间受别人优先左右，而不是你自己。你需要重新夺回控制权，这真的没那么难。

我一贯坚持那些由我为其提供建议的客户和我一起参加早期的讨论，把他们为期3个月的日程安排查看一遍。我有两个问题，分别是："这次会议的目的是什么？""这次会议为什么需要你出席？"正如你可能预料的那样，会议的目的往往是不明确的，有时甚至是未知的，至少对我的高管来说是这样。"既然你不知道会议的目的，为什么还要参加？""哦，人们知道什么时候应该把我算上。""真的吗？因为没有你，他们无法做出决定？"

这里存在很多可能性，我们可以取消会议或委托他人出席。你也可以这样做。问自己上面的那两个问题，你就能腾出大量时间。

格雷格（Greg）因工作表现突出，被领导邀请加入一系列执行委

员会。战略、预算、薪酬讨论都将由他来负责。格雷格认为这并不
适合自己。他的机智答复是，他很感激自己得到了认可，但他一点都
不擅长那些工作。他更愿意继续做他最擅长的事情 —— 赢得和发展
会持续很多年的客户关系。

"但是，格雷格，这可能会促成更好的事情。你有机会成为首席
执行官。"领导说。但格雷格认为，如果参加冗长的会议，审阅报告
和电子表格是晋升的代价，那真的不适合他。

至少在试图解决一个问题或创造一个机会的早期阶段，开会很可
能是没有必要的。会议是推进这项工作的最佳方式吗？在将人员安
排进会议室之前，先考虑一下其他选择。

以这样的方式对例行会议进行一次审查：为什么我们要开会？会
议的目的是什么？会议将决定什么？会议之后，我们会有什么不同的
做法？会议到底要花多长时间？真的要花那么长时间吗？能不能再
短一点 —— 也许可以！

之后是："谁将负责确保我们商定的事情得以完成？"

将这种方式应用于你日程表上的每个会议，尤其是那些你个人想
要组织的会议。与你的同事一起妥善处理，这样一来，会议就会更少、
更短，并带来更好的结果。试试吧。

创建"周一革命"文化。想象一下，在一家公司工作，并且能
够说：

"我们没有很多内部会议。我们认为它们大多是在浪费资源。我们召开的内部会议只关注一两个关键的决定，而且从来不会花太多时间。参加这样的会议真的很愉快。"

好吧，最后一点可能与现实相悖了，但你明白我的意思。

如果你是一名董事，就会有那些非开不可的董事会会议，在会上需要和审计师一起梳理公司账目。我无法告诉你，在这些场合，我的无聊阈值多快就会爆表。这当然是我的问题，不是他们的问题。大多数情况下，他们进展得非常好。但如果有必要重新思考，审计会议将是我的首要任务。看到财务团队与毕马威会计师事务所恭恭敬敬地交易，我觉得一定有比这更好的方法来确立公司业绩的财务完整性。

为了度过这段时间，我决定每10分钟问一个问题。我这么做不是为了显得自己有聪明，而是为了保持清醒。如果你发现自己无法控制议程、时间或自身的存在，将我的做法作为最后的手段试一下。

你会发现，我关注的是内部会议这个问题。因为外部会议在人们心目中往往有着不同的地位。基层员工将外部会议视为拓宽视野的途径。离开办公大楼，去见客户或供应商，是更加成熟的做法。获准外出，去代表你的组织，表明你有地位。

我主张面对面会议，特别是当你需要说服某人以某种方式行事时。比如购买高价值的商品，或者建立长期的关系、合作关系等。

数字化信息传输有它的作用，但如果情况需要，它无法代替碰面。

我之所以说如果情况需要，是因为我们常常在没有必要聚在一起的情况下碰面。在此，我有几个关于这种情况的规则要和大家分析。

如果我不想会面是因为很明显会面对我来说没有什么好处，我就不安排会面。这听起来很苛刻，但节省了每个人的时间。我很喜欢网络，但我发现，很多时候，对我和我要见的人来说，网络没有什么用处。最初，电话沟通往往是确定共同点的更好方式。"你看，接下来几周我要经常出差，让我们用通电话代替见面吧。"我从来不会同意和任何一个我从未见过面的人共进早餐、午餐、晚餐或喝下午茶。对于最终证明可以在几分钟内确定的事情或者最终证明是浪费时间的事情而言，会面太费时间了。

这枚硬币的另外一面是那些你觉得可能会产生良好结果的会议，但你需要说服对方。经验告诉你，如果你能出现在某人面前，建立共同的基础和融洽的关系，你就有机会说服他们去做某事。在这些情况下，说服他们见面的责任就落到了你的身上。

行动指南

（1）避免将内部会议安排成一种默认的反应。

（2）审核你的日程表，问自己开会的目的是什么，你为什么要到场。将此作为速战速决的演练，能退出多少会议就退出多少会议，并限制你出席其他会议的时间。

（3）审核公司会议。他们会因此感谢你的。我们为什么要开会？会议的目的是什么？会议将决定什么？会议结束之后，我们能做哪些不同的事情？让无用的会议成为历史。

（4）如果你无法摆脱，就通过提出常规问题的方式参与到会议中来，防止出现无聊和无关的想法。不要列采购清单。

（5）建立"周一革命"文化。"我们的内部会议不多。我们认为它们大多是浪费时间。我们开的那些会议只关注一两个关键的决定，它们从来不会花太长时间。参加这样的会议真的让人很愉快。"

（6）不要因为有人邀请你聚一聚，你就同意参加外部会议。先证实一下会议的目的。这对你们双方都有好处。

（7）面对面会议对建立关系、确立信任和融洽关系而言至关重要，往往是完成任务的核心所在。在决定什么时候参加会议和参加什么会议时，应用你的判断力。

第十八章
"我需要帮助"和"在我的帮助下"：独立的建议

无论业绩纪录或成就如何，经验老到的商业领袖都知道什么时候应该寻求独立的建议。事实上，比起新手，他们更有可能会这么做。也许是因为新手们相信，某种失败与不被视为知道所有答案有关。

"我需要帮助。""好的。但你需要哪些帮助呢？"

一个好的起点可以是分析你个人的优势和弱点。这可能基于自我意识，也可能是他人反馈的结果，又或者是一种当前的情况或一个具有挑战性的问题似乎没有明显的内部补救措施。

一个非常成功的人简明扼要地表达了他对建议的需求，此人已经开始了自己的事业，但遇到了一些问题，并认识到他需要一些帮助。他的公司发展迅速，已经成为一个价值数百万英镑的组织，但他的各项制度和流程却没有跟上，这是可以理解的。他没有胡乱编造，而是想知道最佳实践是什么样子。

在别人的推荐下，他聘请了一位经验丰富的顾问对公司进行考察。该顾问为他提供了一些关于如何升级和在某些情况下加速改进的选择。他也许已经掌握了其中的一些选择，只是没有那么快。此外，还存在其他一些他不知道的选择。这些主要是基本的基础领域，例如数据存储、聘用合同以及健康和安全要求。这些是在急于追求销售额和利润的过程中迷失的东西。每个领导者都应审查他们的"保健因素"。

幸运的是，我在最后一刻获得了一个慈善午餐会的嘉宾名额。我正是在这次午餐会上遇到了一位需要帮助的公司董事。他的问题是资深人士普遍会遇到的，容易界定，但很难解决。

我们都知道，你无法轻而易举地帮助一个抗拒改变、拒不承认事实的人。有些人拒绝承认自己的问题或拒绝接受能够解决问题的建议，我们对这样的人都会感到失望。有时候，我们只有在危急时刻才会采取行动，但经常为时已晚，已经到了无法回头的关键时刻。

我的新联系人并未完全处于这种绝境。他意识到自己的问题需要快速得到解决。他的部门正在亏损，他的工作也岌岌可危。他已经到了无法悬崖勒马的时刻。他可以看到这一时刻的到来，这让他很不舒服。然而，他解释说，他聘用了一位顾问。我们讨论了他如何看待顾问的作用。我想知道这将如何进行，是否有人能解决这些问题。于是，他同意分享未来几周的进展。

这位顾问单独会见了他的一些上司、下属以及和他平级的员工。

他对此有些不舒服，他想亲临现场，亲耳听到信息。但有人解释说，这样做会妨碍员工的工作，而且确实有必要从根本上解决问题。

顾问从许多基层员工的角度收集到了证据。通常情况下，基层员工才能看到问题所在并知道如何改进。他需要知道自己面对的是什么类型的公司和员工，只有这样，他才能分享他的发现并准备建议。

针对他们的问题的补救措施必须在一定的背景下提出，这样一来，问题很快就变得非常清晰。客户纷纷离去，销量大幅下滑。这一点没有争议，但给出的理由却因人而异。当然，没有人说这是他们个人的原因，也没有人说他们本应该更加努力。有人指责经济形势，有人指责竞争，但大多数人将责任归咎于公司。

顾问很快就看穿了这些借口，并准备解释该部门存在的问题以及问题可以如何解决。他解释了他发现的问题以及应该如何应对。值得注意的是，业务的下滑最初是由一个导致意外结果的决定引发的。那个在争取新客户方面最成功的人已经得到了提拔，不会带来更多的新业务了，也没有人接替他。

在接下来与管理层和同事们的讨论中，很少有对下面这个经常被提出的问题做出的回答："我们卖的是什么？为什么有人要买？"虽然该部门内部会议不断，但没有一次会议讨论的是如何获得更多的客户。对于他们所销售的服务，他们的考虑十分有限。许多资深员工拒绝承担为公司带来新业务的责任。

这当然是无心之举，但人力资源部门和培训部门似乎又增加了一层行政管理职能。年度审查和奖金是管理部门自行决定的事情。表现不佳是可以容忍的，反正做得不好也不会有什么后果。当然，这些问题很多都是根深蒂固的，短期内很难解决，还是让我们面对现实吧，毕竟时间宝贵。

听起来可能不像那么回事，但其实这基本上是个好消息。为什么这么说呢？因为有太多的问题，因此企业为什么会失败是很清楚的。需要的是一个简单的计划，把短期内能解决的部分修补好，尤其是董事掌控的那些事情。在这一阶段，任何需要董事会批准的事情都是不被允许的。

我们这位董事开始感觉好了一些。他能从最近获得的证据中看出，扭转局面并非不可能。那天晚上他告诉他的妻子，他觉得他可以保住自己的工作了。那天晚上他睡得比之前要好，这是最近不常发生的事情。当他醒来时，他期待着去上班，他知道，有了正确的帮助，他可以扭转局面。"周一革命"开始成形。

他面临的主要的问题是新业务量不足。他没有可以赢得新客户的计划，虽然他是负责人，但他缺乏技能和经验，不知道该如何是好。但是，关注过业务状况并且经历过类似的情况之后，这位顾问对需要做的事情有了一个很好的想法。在两年的时间里，该部门从一个尴尬的失败者转变为公司里业绩最好的部门。我们来看看他们是如何做到的。

他们与该部门的合作伙伴举行了一次会议，解释了问题的严重性。他们清楚而坦诚地介绍了关键的财务状况。每个人都可以看出，如果不采取措施，企业最终将不复存在。那位董事说，这是大家共同的责任，因为一个人无法解决这个问题。每个人都要扮演重要的角色，负责解决危机。

他们审视了自己的产品，将其与竞争对手的产品进行比较，得出的结论是许多产品都不再适用。他们必须更具创新性和吸引力。他们需要了解潜在客户的需求，以此来解决自己的问题。过去他们提供的是他们认为人们需要的东西，现在他们将收集证据来确定顾客需要什么。

和许多公司一样，业务发展在形势大好的时候被推到了一边。当收入不断增加，目标逐步实现，何必过于担心未来呢？开发新客户很困难，对很多人来说并不自然。特别是在服务型公司，此类公司的员工被聘用是因为他们的专业技能，而不是因为他们有能力营销他们自己以及他们的组织。在这个部门，显然是这种情况。

曾经有过一次相当常规的会议，会上将讨论业务发展问题，但这是会议的全部内容。会议没有明确的行动，更多的是一种谁认识谁的交流。由于会议在很大程度上是毫无意义的，所以与会人员越来越少。

情况现在需要改变。会议安排为每两周召开一次，而且部门员工必须出席。没有借口，你必须到场。但与以往的聚会不同的是，现在的会议有一个明确的目的。有了经过改进的产品（通过询问当前客户和未来客户的真正需求而设计的），他们专注于一两类特定的市场。他们知道，如果他们试图同时做所有的事情，他们就会失败。专注特定的领域使过程更容易管理。他们建立了一个潜在客户的渠道，并分配了责任。每个人要联系10家公司，和这些公司沟通并争取赢得一些业务。每隔两周，他们都会开会，回顾进展。

当然，正如你所想象的那样，这并非没有问题。尽管这是一个"强制会议"，但还是有人只是偶尔参加。不足为奇的是，这些家伙几乎没有赢得什么新的业务，他们更乐意把业务拱手让人。事实证明，从零开始认识新的潜在客户是很困难的。

但随着时间的推移，他们开始明白什么是有效的。他们拓展了个人业务，建立了个人关系网，并且增强了信心。董事领导会议，顾问采用有效的例子提供经验和支持。他们演练了联系客户的场景，以预测反对意见；他们还分享了自己的经验，以相互帮助。他们很快意识到，介绍和推荐更容易获得面谈的机会，因此他们集中精力探究如何认识更多的人。

在两周一次的会议上，联系渠道得到拓宽，优先事项得以确定，责任制占据了上风。没有完成商定的任务会被公示，这让相关员工感觉很不自在。因此，他们为自己的行动负责，分享各自的成功经验，并在需要时寻求建议。你猜怎样？渐渐地，他们开始赢得了一些业务。净损失发展成净收益。但还有一件事应该建议我们的董事去做。

自由裁量的考核和奖励制度必须改变。新设计的与绩效挂钩的奖励模式得以建立，该模式基于公司对员工的期望。同事们根据他们的业绩获得奖励，并根据事实情况获得晋升。最终，该部门建立了一种基于积极主动和共享所有权的文化。而那些表现不佳的人，也就是那些选择不参与的人呢？他们大多都辞职了，或者被调岗。

这是一项非常艰苦的工作，花费的时间比他们预期的和原本希望的要长得多。但寻求经验丰富的独立建议这一决定获得了回报。这个部门成了公司中最成功的部门。该名董事获得了晋升，并成为下一任首席执行官的候选人。

行动指南

（1）考虑使用外部的独立建议，特别是针对那些长期没能解决的根深蒂固的问题。

（2）并不是要把问题外包。你还没有聘用别人来解决这个问题。这仍然是你的责任，你需要全身心投入。

（3）独立顾问应该在你的业务范围内提供建议。因此，他们需要接触到广泛的个人群体，以此了解你公司的文化和规则。

（4）将参与视为一种寻求共同目标的伙伴关系。以坦诚为基础的健康关系会取得胜利，但要认识到，在这一过程中，你们之间偶尔会发生良性冲突。

第十九章
快速数字化：立即改造，没有例外

我通过提供建议和一定投资这样一种微不足道的方式，帮助了一家企业。事情的起因是我的一位同事对我说："你应该见见理查德，他经营着一家培训公司，并且正在寻求建议。"因此，我和理查德见了面。

他将他的公司从无法扩展的课堂培训企业转变为一家全球性数字化组织。我们为英国、澳大利亚等国的跨国公司提供培训。通常，一家公司中的数千名员工都在同一时间接受培训。我们拥有世界上到目前为止最好的平台和产品。

我的贡献微乎其微。我只是在必要的时候提出了一些意见，并有幸成为他们的第一位投资人。参与其中让我意识到，每家企业都越来越需要了解数字语言领域的最新发展，否则就会错失良机，最优秀的人才不会加入，或者产品会过时和不具备相关性。

所有企业面临的最具挑战性的问题之一是：在你将自己的行为与

数字化结合在一起时，释放存在的商机。在将你的运营数字化的过程中，你可以立即直接访问在最终进入电子表格之前多年来一直以手写报告的形式存在的数据。

如今，判断公司依据的是它们的数字化形象。数字化已经成了必然选择。原本可能是可有可无的东西，现在却成了必需品和期望品。展示产品和服务、交易、客户服务以及所有形式的营销都需要每个人具备数字化技能和知识。

然而，许多组织仍然在灰色地带运作，还没有完全接受数字化，虽然数字化是当今世界的运作方式。这些公司需要跟上步伐，因为如果他们不回应客户的期望，他们就会被超越。

这里就有一个残酷的实例。一家公司发现他们已经落后了。简单地说，他们收到了一个金融业大客户的业务招标邀请。简报很详细，要求对数字媒体的使用及其影响提出建议。尽管团队里都是经验丰富的专业人士，但由于他们的优势在于以更传统的方式工作，因此他们对数字化的认识有限。他们对简报其他方面的回应非常到位，但他们在数字化方面的缺陷导致他们被淘汰了。

客户说这是非常明显的：

　　"我们把答复分为两类：有明显数字化知识的答复和没有明显数字化知识的答复。不幸的是，你们属于第2类。"

期望落空，结果就是失去了一个赚取可观费用的机会。

你在数字经济中的表现将决定你成功与否。如果你不明白自己不知道的是什么，那就请人帮忙。如果你不知道自己需要什么帮助，那就自己帮助自己。是的，这是危机四伏的处境，有无数的公司在等着拿你的钱。但不要将其作为行动不够快的借口。"周一革命"需要立即采取数字化的行动。

一个和我有业务往来的人加入了一家新公司，我收到了那家公司最新的营销材料。一个新的网站和小册子介绍了公司有很多经验丰富的人才且值得进一步关注。至少在我看来这是他们的打算。但是结果令人困惑，总的来说很乏味。

进一步讨论后发现，公司的各个部门无法达成一致，而经理又是个非常老派的人物——"我们不想要任何在线视频"。结果建立在一系列妥协的基础上，远没能令人信服。毫无疑问，缺乏领导力和客户关注度将使这家公司遭受损失。

人们依据公司的数字化形象来判断各家公司。如果你的网站、应用程序或任何其他数字界面让你自己都失望，毫无疑问，你的利润将因此受到影响。而且在大多数情况下，你永远不会知道你错过的机会。那些潜在客户默默地浏览网站后，走向了你的竞争对手。而你所能做的仅仅是看着一份告诉你这个残酷现实的统计报告。

我记得我采访了一位医疗界的资深人士，此人自豪地解释说他们"不走数字化道路"："我最喜欢老式的方法。"引导年长的人接受数字化的世界是当务之急。

问题和机遇不仅局限于外部世界所能看到的那些。作为你的数字化审查的一部分，你要关注你如何存储和检索数据。许多应该更了解情况的公司都将重要信息保存在电子表格上，而不是基于云的加密。客户关系管理系统，一个极其重要的客户管理工具，与本应改变公司内部沟通的公司内网一起，处于闲置的状态。

我知道，很多此类的东西是很难搞好的。很多公司明白其中的重要性，但执行起来却困难重重。我不是这方面的顾问，除了我自己的经验，没有资格提出建议。

我基于自己的错误得出的一个结论是期望太高。我的意思是说，建立过于复杂的系统，用户难以轻松掌握，而且在这些系统产生任何有意义的东西之前，需要太多的投入。

当用户变得自信时，设计可以作为基础的数字化系统是一个更为成功的策略。全程跳舞、全程唱歌的表演很少能实现。你可以这样想：苹果公司更新了苹果手机的操作系统，我们大多会因此抱怨找不到我们习惯的东西。但一段时间后，系统更新便成了常态。随着苹果公司的发展，他们带着我们一起前进。在购买或构建内部数字工具时，也要这样做。

组织信息并利用这些见解来推动盈利增长应该成为一种必然。然而，我们往往未能进行必要的投资，也没有意识到机会的存在。

我们都知道，优秀的公司拥有很多政策和制度对活动进行管理。

然而，将同样的原则应用到我们自己的组织中，似乎让我们很多人犯难。

我曾在一家公司工作，这家公司完美地诠释了这一点。我们曾经就如何确保我们与过去、现在和未来的潜在客户保持联系进行了讨论。这是一家成功的公司，每年营业额都有好几百万英镑，但它的流程和制度没有跟上，增长开始放缓。

我曾和首席执行官有这样一段对话：

我："你们是如何掌握实时信息的？"

首席执行官："你是什么意思？"

我："我的意思是，你们要和很多人交谈，你们需要确保你有一个流程，否则就会错过机会。你们有客户关系管理系统吗？"

首席执行官："是的，是的，我们当然有。"

我："太好了，我可以看看吗？"

首席执行官："为什么要看？"

我："因为我想看看有什么东西，以及它是如何帮你掌握实时信息的。"

首席执行官："哦，它并非真的是最新的信息。"

我："为什么？"

首席执行官："因为我们并没有真正用过，说实话，我们都有自己的记录。”

　　我：“好吧，我能看看你的记录吗？”

　　首席执行官：“我没有把我的记录写下来，它们都在我的脑子里。”

　　其中的愚蠢之处需要指出吗？但愿不用。我向这位忙碌的领导者解释说，他正在尝试一项不可能完成的任务，而保持一份关于客户联系、采购历史、未来行动时间表的实时记录，并使他的同事们能够查看活动，这将会带来好处。

　　和很多高管一样，他经常对团队的商业规划感到失望，但他又是这场失败的主角。他很不情愿地同意改变自己的行为并确保客户关系管理数据是最新的。我解释说，只有这样，我们才能就这些数据可能提供的机会进行有意义的讨论。在经历了一些错误的开始以及他同事们的抵制之后，我们开始达到目的了。

　　将这家公司与一家类似的快速发展的公司进行对比，后者的首席执行官认识到了机会，并采取了非常主动的姿态。

　　“我们正在生成大量的客户数据，我认为这东西有点像金矿。问题是我们如何才能最大限度地利用这些数据？”我们回顾了这些信息是如何管理的，我们还回顾了如何以一种对企业有意义的方式来组织这些信息。我们得出的结论是，客户关系管理软件 Salesforce 是最适合这家公司的。意义重大的是，它将与我们自己有欠缺信息技术平台整合在一起，并最终取而代之。

这仅仅是第一阶段。公司需要对数据进行整理，产生可操作的信息报告，这些报告将揭示新的商机。这带来了更多的问题，但只是短期问题。在第二阶段，我们聘请了一位熟悉 Salesforce 的数据分析师，这位分析师可以提供公司所需的深刻见解。第三阶段需要在执行层面采取行动。因此，我们确保客户联系、定价、趋势和一系列信息指导并影响我们的日常活动。作用于公司业绩的商业效应是十分显著的。

要当心过度供应的危险。制作报告太容易了，如果你不小心，就会淹没在信息中。记住，编制和管理数据并不能达到任何目的，事实上，它可能会对业绩造成相当大的拖累。例如，它可以促使人们花时间为内部会议生成报告，而这些会议早已被遗忘的初衷最终可能产生危险的后果。会议的价值在于解释和执行，而且价值只有在事情发生时才会产生。在你参加会议或演讲时，有多少次大家普遍反映"有趣"？我们正在寻找的是这样的数据：让我们坐下来猛吸一口气，并让脉搏加速跳动的数据。我们在寻找深刻的见解，偶尔我们会发现金子。这就是"周一革命"的方法。

当然，你会有你的常规报告，以此衡量你的关键绩效指标。这是有必要的，也是没有问题的。你要注意你生产的报告数量，并确保它们能为你所用。

行动指南

（1）当下，做一家经过数字化转型的公司是生存和发展的必要条件。

（2）高层的责任心。你是负责人，你期望在什么时候做到什么？

（3）你在生成什么数据，这些数据是如何管理的？为了抓住商机，由谁负责解释并提出建议？

（4）什么是数字化投资计划？你需要做的不仅仅是跟上步伐。

第二十章
那是怎么回事：错误和出人意料的时刻

你如何应对那些出人意料的时刻？当事业和个人生活和谐地同步发展时，很难想象这一切可能会结束，你可能会认为这是个不可能的问题。而对事实的分析证实，这种幸福的状态很可能会持续到永远。"如果没有坏，就不要修理。"正如我的一位明智的同事所言，我们往往不会质疑为什么一切都那么顺利。只有当事情出错的时候，我们才会反思我们本可以把哪些事情做得更好。

我还记得，在向我们的投资者奉上创纪录的利润后，我曾想过，这样的势头可能永远不会结束。当然，这种想法很荒谬，但我认为它是合乎逻辑的。我之所以这样认为，是基于以下三方面因素：对产品日益增长的需求、企业的准垄断行为，以及不断提高的经营利润率。

当我宣布我们的第一次盈利警告时，正如你可能预料到的那样，我的感觉略有不同。在反思之后，我得出结论，人类的天性是通过生活的视角来看待问题，并得出目前的状况很可能会继续下去的结论。当赶上了好时代，为什么不应该这样呢？

然而历史证实，在某个时候，这种稳定的状态很可能会被破坏。这种破坏可能是可恢复的，也可能是致命的。我们都知道我们会死去，对我们有帮助的是知道如何以及何时死去。在商业领域，结果远没有那么容易预测。任何生意都必须死亡吗？你可以说不需要。如果它通过适应不断变化的环境而保持相关性，就没有理由失败。

不幸的是，我们的基因具有一种内在的稳定状态。随着年龄的增长，我们变得更加厌恶风险。而且一般都是老年人在经营超过一定规模的企业。不断地挑战现状，为不利情况做打算，认识到市场的变化和新兴的竞争对手，这对许多行业巨头来说并不自然。许多人赚的钱已经超过了他们的需要，他们曾经拥有的动力和热情已经消退。

在某些情况下，市场份额和利润率会逐渐遭到侵蚀。又或许，一个出人意料的时刻让我们想知道，我们怎么会允许它在我们眼皮子底下发生 —— 正如在其他地方讨论的那样。粗心冒进或歪曲事实的会计行为通常是公司在几天之内倒闭的原因之一。这是经常发生的事情。当然，只有大公司才会被主流媒体报道。当这种情况发生时，我们会惊愕不已地后退 …… 无法理解其原因。

我曾在一些非常成功的公司担任董事，其中倒闭的公司不止一家。如果你在一家公司待的时间足够长，你就会看到一些完全意想不到的事情给该公司带来出其不意的打击。有时候，事后回过头看，原因可能是显而易见的。但情况并非总是如此。企业的生存和恢复取决于你有多少准备来应对它。

令人讨厌的意外经常发生，这是生活中不可避免的事实。一切似乎都很顺利，然后突然发生了一件让你意想不到的事情。在我们的个人生活中，也许是一场危及生命的疾病，影响到你或你身边的人。也可能是一次意外的裁员，一项"安全"投资遭受了巨大损失。在商业领域中，它可以是无数的事情。从首席执行官突然辞职到工业事故、欺诈、数据盗窃或失效的供应链。你不必看向远处，每个人都有一个故事。

我们可以尝试制订计划，通过掌握某种应急措施来减轻未知情况产生的影响。在我们的个人生活中，我们可能会购买医疗保险，并定期更新我们的个人事务，以便其他人在需要的时候可以接管。在商业领域，特别是对于在证券交易所上市的公司来说，应对风险的方法必不可少。

我曾是数个风险委员会的成员，这些风险委员会的任务是预测可能出现的问题。我认为可以这么说，虽然这是一项重要的工作，但预测部分或全部业务的长期失败是一种相当不同的和令人沮丧的经历。列出明显的问题也是相当容易，但明显的问题往往不是发生的事情。

我记得有一次我安排了一趟美国之行，准备参观几座城市。经过精心的计划和烦琐的线上预订手续，我的美国东海岸－西海岸行程确定下来，我准备出发了。探访朋友和钓鱼是行程中的重点，时间安排也很合适。

只是我没能成行。也许我应该预料到这种风险，但因为它发生的概率极小，我甚至忽略了风险。

我怀疑航空公司有一系列解释风险的理由：发动机故障、机上火灾等。我可以很容易地回忆起所有这些事，但我在印度洋上空3.7万英尺（1英尺≈0.3048米）的高空时尽量不去想。

从冰岛蹿上天空的火山灰云团扰乱了国际航空公司的全球航线，并迫使我滞留在了英国。这家航空公司考虑过这种可能性吗？首席风险官是否做好了应对这一可能性的准备？也许吧。但对像我这样一个不经常出国的旅客来说，并不明显，因为混乱简直就如雨点般铺天盖地地落下。

相互矛盾的观点开始形成。从这种情况会持续多久，到飞机是否真的能安全穿过火山灰云团而不至于导致发动机骤停，大家议论纷纷。

我完全支持资深人士在一线领导，但其行为实际上与许多专家的意见背道而驰。我想知道，当董事会审查公司面临的风险时，是否包括了火山和董事冒着生命危险试图缓解公司面临的问题。我怀疑没有。

当然，我们没办法预测可能出现的每一项商业风险。但如果你对显而易见的问题没有预案，一旦它发生在你的眼皮子底下，你就会身处险境。在这种时候，管理层的真面目就会暴露出来。我们都宁愿不处理坏消息，高管们也不例外，这是人之常情。特别是当它涉及一些要与员工、客户和媒体面对面的责任时。

当然，有些风险是完全可以避免的。如果你的企业选择在一个饱受战争蹂躏、政局动荡、经济凋敝、通货膨胀严重的国家开采宝藏，你可能知道会出什么问题。这需要你对收益与风险进行对比判断。但我们中的大多数人不会加入你的行列。所有这些风险都存在，并可能在不久之后的某一时刻以某种形式向你走来。

我经历过对于在海外经营的公司的政策变化。通常表现为额外的费用、聘用相关的法律变化或其他烦琐的规定。通常是为了安抚那些觉得自己被不受欢迎的海外竞争挤压的本地企业。关税和进口限制仍然是任何国际业务面临的风险。

我稍早前说的是一种禅意状态：为什么我们总认为我们目前的环境是可持续的？但情况绝非如此。当我们的祖先发现火和发明轮子时，破坏就已经开始了。从那时起，破坏就一直没有受到限制。我们发明和变革的能力没有局限。毋庸置疑，你的业务会受到一些人的挑战，这些人认为他们可以做你所做的事情，而且能够做得更快、更好，成本更低。

情况可能在你的掌控之内，也可能不在你的掌控之内。在经营一家公司的过程中，你有权期望在你上班或到家时，灯能正常亮起。

我们都认为理所当然的基本公用事业是由供应商支持的，我们依靠他们打理。大部分情况下，他们确实做到了。但如果出现故障，你应该有一个应急计划。

有些领域太过专业，因此你不能冒没有备用计划的风险。信息技术系统在很大程度上就属于这一类。在我看来，你确实需要投入资源去开发和保护它们。然而，我经常惊讶地发现，有那么多的企业冒着计算出的风险（我只能这么假设），依然缺乏必要的备用系统。

前文已经比较详细地介绍了财务，但也许你需要再听一遍？核心大意是：如果你处在任何需要对支出或收款负责的岗位上，你就有保持谨慎和作为主人翁的绝对责任。无论你是初级财务经理还是《财富》100强企业的总裁，都是如此。毫无疑问，你的职责是了解组织的财务状况。

我曾在一家食品企业工作，这家企业确实把所有的鸡蛋都放进了一个篮子里。他们的供应链依赖于一些志同道合的高品质生产商。一切都很好，直到有一年圣诞节，一只狐狸钻进了鸡棚，杀死了所有的鸡。这可不是一起小事件。供应链遭到了巨大的破坏，在如此短的时间内很难找到替代货源。现在，该公司的大部分热门产品系列都有多个供应商，并且将这一原则推广到了企业的其他关键业务部门。我建议你最好仔细考虑你的业务的每个方面。

那关键人员呢，他们有多重要？组织应该预测到管理层的变化，并准备好接替者，耐心地等待下一步的发展。这是了不起的理论，但我认为在实践中，这种做法往往不太奏效。

公司需要制订接班计划，但似乎很少成功。这有很多原因。雄心勃勃的人不希望无所事事地在一个不确定的时间框架内等待某个替代时刻的到来。尤其是因为他们正处于当今存在的外部方法的接收端。一个高效的执行团队拥有互补型技能的人才，因此继任者不太可能是具有相同素质的直接替代者。可能不会有明显的内部候选人。

当一个关键人物离职时，公司会经历一种轻微的瘫痪状态。在这一阶段，重要的决定通常会被搁置，等待新人选的到来。通常，他们需要观察情况，进行审查，并提出一个计划，这是可以理解的。我觉得至少会损失一年的时间。

当我加入一家企业或为一家企业提供建议时，我会问一些关于绩效的简单问题。比如你们每周的优先事项是什么？谁是我们最重要的客户？你们最近一次和他们见面是什么时候？你们的银行账户里有多少流动资金？这些钱能维持多久？有时候，我的喜欢干涉的天性会让我不受个别新同事的欢迎。本着"周一革命"精神，尽早采取果断行动很重要。不要几个月无所事事，一直把事情拖着。但它所传达的确定信息，并不总是受一些人的欢迎。

当务之急是承担公共责任。我所说的公共，指的是不要躲避正在发生的戏剧性事件，也不要委托给一个不太重要的人，或者更糟糕的是聘用一个"发言人"。当我负责的时候，我总是特意在我们最大的房间里，站在尽可能多的公司人员面前。我会告诉他们发生了什么、事情发生的原因，以及我们正在就此采取什么应对措施。不幸的是，这种沟通，或者说在某些情况下，任何类型的沟通，往往都是非常缺乏的。这就意味着，所有未参与其中的人都会通过假设来填补信息的空白。

公司需要有一个计划来减轻未知情况带来的风险。这就需要制订流程和程序，以便立即掌控和应对突然出现的任何可能破坏你一天生活的事情。优秀的管理者知道自己需要在此时站出来做正确事情。作为一家高度公共化企业的管理者，从各个方面来说，我有自己分内的危机需要应对并作为领导身先士卒。我毫不怀疑，有时候公司本可以做得更好。但如果有任何人质疑我们的诚实和做正确之事的明显意图，我都会向其发起挑战。

企业界到处都是未能达成预期结果、失误而后处理不好善后的公司。从安然（Enron）公司[1]到乐购（Tesco）公司，这是你无法编造的。令我们感到难以置信的是，尽管有制衡措施，董事会中也满是经验丰富的董事，但他们仍然可能造成一些巨大的失误。

在本书中，我们一直都在寻找更好的方法。我们从研究他人的行为中学习。将某一特定情况应用于我们的企业，就像它是真实存

---

[1] 安然（Enron）公司，曾是一家位于美国得克萨斯州休斯敦市的能源类公司。在 2001 年宣告破产之前，是世界上最大的电力、天然气以及电讯公司之一。——编者注

在的一样，是对时间的极好利用。与其为它没有发生在我们身上而感到欣慰，为什么不研究一下在类似情况下我们会怎么做呢？

在你的下一个外出研讨会议前，花一些时间来回顾一下什么是关键任务，什么是你真正不可或缺的东西。针对你自己的危机进行规划就属于这一类。

对我来说，外出研讨就属于这一类良方。所以，如果你有一个外出研讨会议，那就用它做一些有用的事情。我的意思是，不要有一个拥挤不堪的日程和没完没了的演示文稿。好好利用这段宝贵的时间，勇敢面对你所做的事以及你为什么要这样做。你的周围有那么多来自其他企业的信息，每一天都有经典的案例可供研究。

公司一般每季度或每年审查一次业绩。战略重点发生变化，资源被分配，预算得到更新。这通常是一个良性和稳定的状态。外出研讨是这个过程的一部分，坦率地说，我在空气不流通的房间里浪费了太多的时间，它们不再适合我了。通常，这些会议都是为了更长远的思考，是用以考虑未来的优质时间。

一家公司有很多方法可以回顾自己的工作。这里有一种高效的方法，不需要使用演示文稿就能带来巨大的好处。

为了设置场景，你需要营造一种危机感。大公司经常通过要求他们的顾问重新审视他们的防御策略来营造危机感，以防公司股票遭到恶意收购。但这只是故事的一部分。因为它只涉及公司可能会如何应对，除了促使公司收紧一些以前商定的程序之外，很少会使公司采取任何非常具体的行动。

以2017年卡夫亨氏（Kraft Heinz）公司试图收购联合利华（Unilever）公司为例。关于该起收购已经有很多文章，但我只是想提醒大家这件事。联合利华公司当时的首席执行官保罗·波尔曼（Paul Polman）接到了一个电话，是一家与沃伦·巴菲特合伙的公司打来的，他们打算为联合利华开出数十亿美元的报价。一段很短、很不愉快的时间之后，该邀约被撤回了，但波尔曼先生及其团队的生活再也不会和以前一样了。

这一危急时刻使联合利华大放异彩。公司的业绩记录、表现和战略成为全球主流媒体和政府讨论的话题。一份独立的报告显示，大多数持有联合利华股票的投资经理都希望收购能取得进展。为什么呢？因为他们的身价是根据他们的股票投资组合的表现来评判的，而收购要约大多是以溢价的方式出现的，这就提高了回报率。

但现在这一切都消失了，投资者想知道如何通过其他方式来增长股价，其股价超过收购价——公司董事会刚刚拒绝的报价。他们关注的是表现不佳的部门，以及增长缓慢的地区——公司在这些地区的业务量很大。他们把注意力转向了波尔曼先生利他主义的商业方针，建议他应该集中精力提高商业业绩。

从表面上看，卡夫亨氏公司的利润率远远高于联合利华。如果之前没有人真正注意到这一点，那么现在他们注意到了。压力在于迅速提高业绩并让人看到他们正在这样做。

作为回应，联合利华已经宣布加速进行战略审查。董事会提出了一些意义重大的改变，其中包括对每个部门以及这些部门所做的贡献进行彻底的审查。他们拥有的人造黄油公司已经被出售。

这里有一个关键的问题，它针对的不仅仅是波尔曼先生：为什么重组一家公司经常需要一次令人头疼的收购呢？他们现在看起来正在做的事情，他们很早以前就可以做了。只是现在他才显然是在处理长期存在的问题，这些问题限制了公司的发展，阻碍了股价的上涨。

好消息是，我们都可以通过借用联合利华的经验学习并改进我们的企业。无论你的公司规模有多大或多小，你都应该这么做：把你的管理人员分成两个小团队，以此制造一场危机。一个团队负责进攻，一个团队负责防御。进攻团队将凸显公司所有的最薄弱之处。

这一做法将确定那些没有成功以及你引以为傲而不愿放弃的投资想法。"我们会再给它一年时间。"

私募股权公司擅长于确定一家公司需要做什么来彻底重组。他们利用风险资本以获取高额回报。他们发现业绩不佳的企业进行改进的时机已经成熟。很奇怪的一点是，这些公司的管理层看不到私募股权投资公司的那些人所看到的东西，或者他们能看到，但却未能采取行动。

我认识一家非常成功的餐饮集团的企业主。他说，"不存在稳定的状态，你必须把每一天都当成紧急状态来对待"这句话让他很受用。不要太想当然，而是要花一些时间来确定改进业绩的方法。

外出研讨的团队需要提供一些非常快速而具体的理由来解释为什么应该保持现状。进攻团队已经突出了他们发现的弱点。你已经知道他们在关注什么了。

外出研讨需要就以下问题达成一致：发现的薄弱领域应该如何处理？当然，会出现一些复杂的情况、发现的困难和挑战需要我们去承担。你需要就期限、责任和资源达成一致。

但处理这些事情有很大的自由度。这就像推迟去看牙医一样，你知道你应该在情况变得更糟之前解决掉那颗烦人的牙，但你没有这么做。在情况变得更糟之后，你才去看了牙医。但看牙并没有预期的那么痛，所花的时间也比你想象的要少，因此你意识到你本可以早早地解决掉那颗牙。你的企业遇到的挑战在很多方面与此没什么不同。

如果你清除掉那些阻碍你的因素，你通常就能在相对短的时间内看到业绩的提高。这就是获得挑战和改变的勇气，而不是骄傲地拒绝做别人认为显而易见的事情。然后你就有更多的时间和资源去做那些促进企业发展的事。这往往令人更加愉快。

行动指南

（1）审查并商定关键业务线。建立监控系统。

（2）确保关键的供应商能够继续供货。这意味着了解他们的财务业务模式和账户。

（3）从他人的问题中学习。关注他们如何处理面对的情况，并利用他们的经验。

（4）要认识到不存在稳定的状态。你应该有一个计划，哪怕危机可能一点都不明显。

（5）先于对手对你的公司进行改变和改进。

第二十一章
灵活的决定：以证据为依据，自始至终

　　在做决定的时候，避开噪声是一件很有挑战性的事。立即行动的压力可能会让人难以承受。在这种情况下，情感往往会压倒事实和经验。我们可能会被迫将有助于我们决定执行更有效行动方案的现有证据置于一旁。

　　"周一革命"的一个指导原则是利用证据做出更理想的决定。我们如何才能真正了解呢？我发现自己越来越频繁地提出这个问题，特别是当有不同的、相似的或不太明确的选择时。

　　处置昏迷者的医护人员需要非常迅速地找到证据，以便在瞬间做出挽救生命的决定。公司经理大多拥有更多的时间，但审查现有事实以达成最佳行动方案这一原则仍然存在。

　　在许多情况下，会有一种内在的紧张。对开始行动的认知反应对比收集证据可能需要漫长的时间。在这些情况下，收集你需要的

东西，将其用来做出早期判断。拖延会不会使决定变得更加困难或复杂？拖延可以为你争取时间以取得更好的结果吗？

当然，证据本身需要受到质疑。证据可能会有许多来源，但每个来源的质量无疑会有所不同。在将这些来源作为决策过程的一部分加以考虑之前，需要对这些来源进行权衡和判断。

在许多情况下，证据遭到忽视或否定，因为它不能证实首选的行动方案。吵吵闹闹的人持有坚定的看法，他们可能会排挤掉更出色的思想家，因为后者不太有信心分享自己的观点。然而，这些沉默的声音可以提供宝贵的见解。确保给予他们鼓励、空间和保护，从而让他们发表自己的意见。

我和我的团队正在会议室谈一项收购另一家企业的交易。周围都是交易双方的银行家和律师们，他们都有兴趣见证合同的签署。通过收购这家公司，我们可以建立一个更大、更有效的组织。

在某个时刻，一位银行家建议我应该无视我们辛勤获取的关于节约成本金额的证据（交易理由的关键部分），而是向股东和媒体宣布一个大得多的数字。"大卫，你应该关注的是1300万英镑的节约，而不是1000万英镑，这将会很受欢迎。"我回答说，我们没有证据表明节约的金额超过了1000万英镑，而且让节约金额超过1000万英镑绝不是他的责任。他当着房间里挤成一堆的人说："你还不够勇敢。"然而，证据并不支持他轻率的建议。几年后，当我作为面试小组成员审查他的工作申请时，我考虑到了这一点。

有时候，坚持对证据进行审查会遭到别人的误解。特别是那些喜欢在事后支持他们决定的人。很多时候，前进的道路并不总是明确的。选择有很多，这些选择需要根据证据进行权衡和判断。我们需要对证据本身的相关性和可靠性做出判断。

这里有一种思考方式。在每天的每分钟里，我们都在下意识地处理证据。这是对我们眼前环境的一种认知行为反应。

我们认识到危险，避免在交通繁忙的路段穿过马路。然后，我们可能会进一步权衡证据，得出不同的结论。车辆行驶速度很慢，如果我走在车辆前面，司机很可能会看到我，因而不会加速，我就可以穿过马路。这比站在原地危险，但我已经评估了证据（包括我以前穿过这条车水马龙的街道的经验），我会走出来……

基于证据进行决策，是改善你各方面生活的最简单、最有效的方法之一。这毫不夸张。无论是在商务选择上还是在个人选择上，培养退一步去寻找信息和权衡事实的能力都意味着你能做出更好的决定。在大多数情况下，这比仅仅迅速采取行动或依靠希望来得好！

在一次管理会议上，我作为一名顾问听取了一场讨论，讨论的内容是公司员工是否理解该组织的目标和宗旨。大家意见不一。一些经理认为他们的团队跟上了步伐。其他经理则不太确定。我提出进行一次抽样访谈，以确定事实。在掌握了证据之后，管理团队能够就如何沟通、沟通什么、何时沟通、和谁沟通做出明智的决定。

但很多公司在没有事实的情况下基于管理者的个人假设取得进

展。"我认为我们不需要把它说清楚，大家知道是怎么回事。"在这种情况下，往往是那些说话声音最大的人占了上风。这并非好事。

证据可能提供反常的信息。在这种情况下，收集到的证据具有所有参与方一致同意的完整性就显得尤为重要。询问当前的买家可能比一般的市场研究调查更有力。

在一家线上销售高品质禽类肉的食品公司的产品开发会议上，有人建议该公司也应该开始销售鱼类食品。一些人认为这是一个非常疯狂的想法。该公司所享有的声誉来自其卓越的可追溯、可持续的禽类肉供应。为什么要为客户不期望或事实上不要求购买的产品建立新的供应链，从而损害企业的声誉呢？

作为一家拥有众多固定顾客的线上公司，这家公司决定征求顾客的意见（将此作为一项更广泛的顾客调查的一部分），如果该公司出售鱼类食品是否会吸引他们。根据调查结果，他们开始出售鱼类食品。

我们常常掉进一个陷阱：根据第一印象、好感和充当事实的故事做出判断。我猜你不止一次想知道，你刚刚遇到的某个身居高位的人是如何取得如此高的成就的。哦，你知道这是怎么回事 —— 其中没有真正的证据！

乔是一位深受他的同行、团队和领导者欢迎的经理。他人缘很好，而且总是积极向上。无论在工作中还是在工作之外，和他待在一起的人都会感到愉快。乔是公司董事的候选人之一。虽然乔是很受欢迎的人，但他这次却落选了。为什么呢？因为当认真考察过去的业绩时，露西的业绩胜过了乔。虽然露西不及乔受欢迎，也没有乔那么鲜明的个性，但她可衡量的成就是不容置疑的。乔明白这一点，公司做出了正确的决定。我在一些组织工作过，这些组织在这方面可能会出差错。

"周一革命"要求人们改变习惯，要求我们基于证据进行决策。这听起来可能与简化流程相矛盾。但事实并非如此。有效的循证流程能让我们更快地做出更好的决定。为什么呢？因为置信水平会随着更好、更成功的结果而提升。你应用一个经过验证的流程招聘了一位新高管，该流程需要测试该高管的技能并审查此人以往成就的证据。

我在循证决策方面遇到了很多阻力。虽然很难与逻辑争辩，但许多人更喜欢依靠他们的经验和直觉。有些人将使用证据视为别人推迟决策的一种方式，推迟了在他们看来显而易见的行动选择。这些都是正当的考虑因素，但本身并不能成为忽视信息的理由，因为这些信息可以提供必要的答案，帮助我们做出正确的选择。你要成为循证思维的坚定支持者，并在你的企业中积极推广这种思维，这很重要。

我们怎么知道呢？这是一个很好且非常重要的问题，在最终做出决定之前应该问你的同事这个问题。

行动指南

（1）试着引入以基于证据的决策文化（假设你没有这样的文化）。

（2）举例说明你目前使用证据的领域，并将该原则应用到其他领域。

（3）在你做决定的会议上，确保提案人能够用证据来支持他们的建议。

（4）如果你做了以上几点，随着时间的推移，你将会转向一种基于证据的文化。

（5）始终要问："我们怎么知道呢？"

第五部分　发展

第二十二章
我想要一个：收购

　　兼并和收购，你可以将其称为并购。你有一个愿景或计划，你认为这一愿景或计划是发展你的某项业务或全部业务所必需的。而这需要收购另外一家公司才能成功。

　　又或许你所做的事情已经变得无关紧要，客户开始流向其他地方，你需要在引发灾难后果的意外问题出现之前变得更加领先。也许，通过建立或收购企业，进入一个相邻的市场是解决这个问题所需要的。

　　从零开始很难。有证据表明，出色的企业往往是从零开始的。但不可避免的是，这需要时间。又或许你创建了一家公司用以收购其他公司，这就是所谓的"收购和创建"。把很多相关的业务整合在一起，削减中心成本，同时开发一些规模化的产品。或者在不同行业收购不相关的公司，只是利用合并后的规模进行集中采购，以此降低总公司的成本。

这类企业集团盛行了很多年，例如美国伯克希尔－哈撒韦（Berkshire Hathaway）公司和通用电气公司。两家公司都是企业集合体，除了所有权之外，几乎没有什么共同点。

并购活动的模式和发生原因多种多样。这是一个价值数十亿美元的行业，其中包括金融分析师、律师、企业顾问、公关人员以及大量其他起鼓励和帮助作用的人。在你完成交易之前，他们不会得到报酬。如果被收购的公司一到你手就开始亏损，他们也不会承担责任。因为那是你的责任——他们的工作只是完成交易并获得回报。

如果你是一家企业的负责人，你就有责任进行所谓的资本分配。换句话说，你把公司的钱放在哪里才能取得最大的效益？内部项目还是外部收购？股息？还是什么都分配一点？在快速发展的数字化世界，我过早地把钱分配给了一个庞大的内部团队，而对其他项目投资不足。

在试图建立一个数据分析项目的过程中，我发现，将潜在的利润分配给这个项目的风险越来越大，而且得不到支持。所以我们只是浅尝辄止，缺乏认真的投入意味着我们没能走得很远。

另外，我们收购了许多广播电台，因为我们无法自己建立这些广播电台，原因是有限的无线电波段和我们所处的政策环境。我们对其中大部分电台进行了简单的整合，而且我们往往为大多数加入我们集团的人员带来了更多的资源和更好的机遇。当然，并不是每个人都会记得这些事。我们笨拙的处理方式造成了我们本可以预料和预防的问题，这样的情况我可以想到不止一次。

我读过的每一个关于并购的研究报告都表明，并购创造的所有价值都在归属卖方。作为收购一方的公司通常会在精心策划的拍卖会上争夺战利品。而且在大多数情况下，买方会因此支付过高的价格。这就是所谓的买方溢价，是你必须为完全的所有权和控制权所支付的额外费用。在许多情况下，作为收购一方的公司需要很多年才能赚回收购价。

通常情况下，确定的协同效应并不会像预测的那样慷慨地实现。或许被收购的公司为了提高短期业绩，拖延了销售，削减了营销成本等。当然，这个问题在尽职调查时就应该被发现，但有时候，在急于求成时，这个问题往往被忽视了。在一场竞争性的追逐中，你看到了你想看到的东西。

广告公司等服务型公司的产品仅仅依赖于人，在这类公司往往会发生一种不同类型的交易。收购方支付一笔初始资金，其余的收购价款将在几年内支付，前提是之前的所有者还能继续提供服务。这在一定程度上减轻了风险，因为收购方不会为未能出现的收益埋单。

这很公平，但你最终拥有的可能是一家业绩不佳的公司。但我想，你在这方面还没有付出资金。总比前期付了全款但到最后却得到一家价值大打折扣的公司要好。在这方面，我曾惊险逃脱，这要归因于理查德·布兰森（Richard Branson）、克里斯·埃文斯（Chris Evans）以及英国私募股权巨头安佰深公司（Apax Partners）。在交易过程中，我在首都电台的老板中途离开了，我因此接替了他的工作。我期待着买下理查德·布兰森的维珍电台（Virgin Radio），并自豪地成为《克里斯·埃文斯早餐秀（*Chris Evans Breakfast Show*）》节目的所有者，我没有预料到导致交易被打乱的事件发生。

但事情就是这样。克里斯·埃文斯告诉所有人我们会炒掉他，并在直播中恳求别人帮助他。安佰深公司的芭芭拉·曼弗雷·沃格尔斯坦（Barbara Manfrey Vogelstein）决定支持克里斯·埃文斯和当时的管理层，理查德·布兰森拿了他们的钱，而不是我的。正如他在位于伦敦霍兰德公园（Holland Park）①的住宅里吃早餐时对我说的那样："由于你已经被介绍给了竞争者……这笔交易可能永远不会发生。我喜欢克里斯·埃文斯，他是维珍品牌的极佳人选。"我无法反驳其中的任何一点，所以事情差不多就这样了。剩下的就是告诉所有人（包括董事会成员、顾问、团队成员、媒体、股东等），我们现在对我们的头号战略目标已经无能为力了。

然而，事后想来，我觉得布兰森帮了我一个忙。当时我们花了太多的钱，因为在那个时代，电台的价值被严重高估。而对文化适应性进行管理的难度极大。他们不想被布兰森卖掉，当然也不想被卖给他们的竞争对手。

---

① 霍兰德公园（Holland Park）是英国伦敦市中心西部的一个区域，内有以"霍兰德公园"命名的一条街道和一个公园。——译者注

再往后，我们进行了一些规模小得多但更有价值的收购。在一趟维珍航空的航班上，理查德给我和我的客户提供了升舱服务，克里斯请我在他新收购的位于汉普郡（Hampshire）的一家酒吧里喝了几杯。最后，大家都得到了好处。安佰深公司把公司卖给了苏格兰电视集团，让克里斯成为一个非常富有的人。遗憾的是，苏格兰电视集团以低得多的价格卖掉了它 —— 泡沫最终破灭了。

这一达成交易的诱人的权宜之计，在自利动机的推动下，不会很快消失。残酷的事实是，公司需要发展。但自己创业需要投入以及你可能不具备的技能。许多人试图在自己的组织内部模仿创业文化。我见过成功的案例，但这需要一种非常不同的心态。所以，如果你的核心业务正在萎缩，而你又没有内部技能来自己建立核心业务，除了把你的公司卖掉，收购可能是唯一的出路。如果你的公司是一家快速发展的初创公司，这很好；但如果你的公司是一个成熟的公司，就不那么容易了。这个问题没有简单的答案。

行动指南

（1）发展你的公司不应该依靠临时性的收购，无论这样的收购有多么诱人。

（2）顾问们有一个由交易驱动的日程。他们大多不会把你的最佳利益放在心上，他们对交易后果不承担任何责任。

（3）除非你的公司是为收购而设计的（比如私募股权投资企业，其唯一的职责就是调配风险资本），否则就要认识到你在陌生的领域所涉及的风险。

（4）获取类似情况下收购成功的例子和案例研究。采用相同的准则和衡量指标。

（5）不要低估整合系统和文化所具有挑战性。在交易完成之前，聘用专业人员提供帮助。

（6）我不是说不要做交易。但我自己有过失败的经历，媒体也在不断报道更多的类似事件。要小心。

第二十三章
隐藏的宝藏：探索企业的新业务

接下来是一个真实的故事，说的是一个人白手起家，建立了一家公司，并在他创立的公司中发现了隐藏的宝藏。因为当你把既有趣又好奇的人聚在一起并创造一个鼓励想法和发现的地方时，事情就发生了。

把这些与雄心壮志和商业常识联系在一起，你就有可能找到宝藏。我越来越相信，许多公司里都隐藏着未被发现的绝佳机会。你只需创造一个环境，让这些机会得以展示自己。

无论你的企业是私人公司还是上市公司、合伙企业，处于发展的早期阶段还是成立已久，你的企业都是有价值的。对于我们大多数人来说，这是我们渴望通过明智的决定和努力的工作来提升的东西。每一位想要将企业出售的公司老板和投资人都希望获得最高的报价，而评估企业价值的方法有很多。

那么，你如何确保你的财务模式具有吸引力呢？你如何才能提高你吸引投资或将企业以适当的价格成功出售的机会呢？不管公司的股权属于你个人还是其他投资者。

当然，要发展你的公司，基本上有两种方式：有机地发展或通过收购发展。前者可能看起来更难，需要更长的时间，而且避免不了风险。收购一家企业可以消除发展的不确定性，并可能带来即时的收入、利润、协同效应以及成本节约。只需记住执行风险与整合风险，以及支付过高费用这一常见危险 —— 正如上一章所述。

作为一个非此即彼的选择，你将如何选择？大型公司进行收购往往是因为它们需要实现即刻发展。通常情况下，尽管它们规模巨大、资源丰富，但它们认识到自己缺乏在公司内部创造和建设的技能。他们的文化无法支持投资风险和潜在的失败。所以它们才进行收购。

有证据表明，收购可能是一件很难处理得当的事。大多数收购都有利于被收购的一方，这是因为他们为自己的公司争取到了溢价。换句话说，就是比被收购企业可能具有的价值更高，这意味着收购方通常要支付过高的金额。这很容易做到。我十分愧疚的是，我说服自己和我的同事们相信，在竞争激烈的情况下，我们完全可以证明这个价格是合理的。我们会剔除成本，更加努力地推动销售，并发挥我们高超的管理技能。

实际证据有点不一样。大多数打算进行收购的公司最好还是把钱存在银行里。或者像一位白手起家并取得巨大成功的企业家安迪·布朗（Andy Brown）曾经对我说的那样："最好的企业是那些你们亲自建立的企业。"

那么你应该如何开始建立自己的企业呢？我已经说过，一个成熟的组织要想取得成功并不容易。一些组织会创建一个新的团队，将其拆分，为其提供资金并布置任务，以此形成新的项目。其他组织则尝试建立研发部门，或尝试将资金投入一只风险投资基金，以此为其他项目提供资金并持有它们最终可以将其转化为所有权的股份。

所有这些努力都可以奏效，而你需要决定你是否应该有所行动。如果你的核心业务具有良好的增发展潜力，一定要坚持下去，不要投资一些会影响你的利润和现金流的业务。然而，大多数公司都需要发展，而这往往意味着要在主营业务之外寻找机会。你当前的模式可能眼下很不错，但在未来几年里的某个时刻就不再适用了。事实上，它肯定会不再适用。

因为有时候你不得不接受这样一个事实，即你所拥有的东西其实并不够好。尽管你谨小慎微地控制成本和创造收入，但你永远无法实现高价，这是财务的特点使然。

那么，换个角度来看待这个问题如何？

你可能有机会在你目前的企业中建立一些新的业务。例如一种产品或服务，其财务结构和扩大规模的可能性将吸引热切的买家和高估值；或者，就算这种产品或服务没有多少眼前利益，但也将带来公司所需的增长。谁愿意经营一家没有动力的企业？你所要做的就是找到新的业务。

通常，这就像重新安排或为了一个新的目的利用你已经在做的事情一样简单。例如，也许是通过改造你的商业模式，从一次性付款转为经常性收入。但无论如何，这都是你应该做的，不断寻找完成任务的更好方法。或者有些时候，做一些更极端的事情，就像保罗（Paul）经营的这家令人兴奋的公司所发生的那样。

在一次婚宴上，我坐在保罗身边，在那之前，我听说过他，但从未见过。听说他是一个非常忙碌的人。从学校毕业后，他建立了一家规模不大但发展迅速的企业，但他缺乏经验（当时他才20多岁），不知道企业的最佳发展方向。虽然这是一个社交场合，但一位我俩共同的朋友却认为这将是一次很好的商业讨论（保罗不怎么谈论其他事情），所以我们就进行了一次商业讨论。

保罗的企业通过电话销售这种营销方式为客户创造销售线索（又称潜在销售对象或潜在用户）。作为一名推销员，他和两个朋友从零开始建立了这家企业。公司成立初期十分艰难，由于缺乏资金，公司只能勉强维持，努力支付为数不多的员工的工资。但随着时间的推移，企业开始发展，客户数量增加，他们不得不聘请更多的员工服务客户。利润率相当不错，他们可以给自己支付合理的薪水。

他们原来的办公室无法满足需要，因此他们搬到了更大的地方。后来，公司一年的营业额已经达到几百万英镑，聘用了300多名员工。成本基数继续上升，但这是很正常的，因为收入也在继续增长。然后突然有一天，有人问他们是否想出售公司。

他们与那位潜在买家见了面，但失望而归。虽然他们的企业发展迅速，并实现了合理的盈利，但企业的估值远未达到保罗和他的共同创始人认为应该达到的程度。你可能会问，为什么会这样？

答案很简单：他们销售的短期性质。客户需要一个销售活动为他们的业务产生销售线索，这个销售活动将持续几天或几周，但不会更久。因此，保罗的公司需要一个可以源源不断提供机会的来源，以确保他们能够支付账单和发展企业。当然，也有一些回头客，但这在大多数情况下是无法预测的。

当被要求预测未来一两年的收入时，这纯粹是基于过往业绩的推测，因为在超过6个月的时间都没有确认的客户。这就是他们企业的价值比他们想象的要低的原因 —— 他们收入的"质量"相对较差，因为他们的收入没有未来确定性。此外，如果收入像过去那样增长，这就需要更多的员工，所以在几乎没有增长可能性的情况下，利润率将继续停滞不前。

然而，这并非坏消息。他们技术部门的一款软件产品将改变他们的企业。菲尔（Phil）是信息技术总监，一个很有想法的人，他发现了一个可能的机会，并说服他的同事们提供了少量的开发预算。

这是一款简单的产品，尚未被使用或提供给客户 —— 它差不多已经被人遗忘。该产品的基本想法是让各家公司了解，人们是如何使用他们公司的网站的，人们关注哪些部分以及忽略了哪些部分。虽然你无法识别网站的访问者，但在许多情况下，你可以识别询问的企业。这一信息能够让公司改善他们的线上形象，并针对特定的部门和组织。这一信息还洞察了人们真正感兴趣的东西，因此企业可以开发相应的新产品。当然，谷歌已经提供了该发明的一个版本，但这个版本必然是通用的，而不是定制的或有用的。

保罗认为他们可能成为赢家。这是他们的潜在客户生成产品的一种正常网上扩展。该产品可以通过他们现有的销售团队卖给目前的客户以及其他许多客户。但谷歌分析（Google Analytics）软件提供了一个免费版本，因此为什么有人要买他们的产品呢？这是一个很好的问题，在当时，这个项目被很多其他企业搁置。但保罗的团队认为他们可以创造一个更加灵活且容易使用的相关产品。当然，谷歌公司可能会改进自己的产品，然后将保罗他们轰走。但他们打赌，一家很小的企业不会给公司造成麻烦，而谷歌也不太可能为支付和账户管理系统提供资源支持。

我不得不说，这对我来说是一个重大的风险。根据我的经验，避免被谷歌或任何科技巨头盯上，通常是个好主意。直到你打算将公司卖给这些科技巨头。凭借他们的资源，他们可以在一瞬间湮没你的想法，抢夺你的客户。幸运的是，保罗对风险并不反感，所以我们继续前进。

取得成功的动机具有无法抗拒的说服力。他们可以创建一家可扩大规模的软件公司，而不是建立一家缺乏资金的销售线索开发企业，这样的企业规模发展得越大，需要的人员就越多。与现在的公司相比，该软件公司每单位收入产生的英镑价值将大得多。为什么呢？因为成功将意味着有一个定期付款的客户群和一款具有全球吸引力因而可以在任何地方销售的产品。

他们做了一个测试，以一个月免费试用和低价订购为基础销售该款软件。这是屡试不爽的"免费模式"。他们对自己现有的部分销售团队进行了重新培训，并通过电话和线上方式进行销售。

成本由开发、销售和客户管理三部分构成。这是一款高度可扩展的产品，具有可预测的订购收益。随着时间的推移，预测客户流失率也变得容易。

保罗知道，公司现在拥有两个相关的项目，但为了创造更大的价值，他需要迈出更加重要的一步。他将两个项目完全分开，不仅划分出单独的账目和董事会结构，其中一个团队也搬进了另一座建筑物，然后进入美国市场。

这是一项"周一革命"准则的一个极佳例子。需要果断行动，找到企业保持整合、分担成本和相互依存的原因。

他们卖掉了最初的潜在客户开发业务，获得了大量资金。他们进一步打造相关产品，订购收入源源不断涌入。不足为奇的是，有了高利润率、可扩展的业务以及强劲的可预测收入，买家很快就会找上门来。

我相信，几乎每一家企业都可以改造、发现或创造一项可扩展的业务，只要这些企业真的想这样做。

我与保罗以及他的同事们共事过几年。我帮助保罗确定了机遇。我解释了买家对经常性收入的较高价值。我甚至确定了潜在客户开发业务的买家。保罗和他的一位同事向我支付了报酬，请我吃了一顿饭，并奖励我一小笔销售佣金作为感谢。他们都还只有30来岁，我相信，当他们觉得时机成熟时，他们会建立并出售更大的公司。从估值上看，潜在客户开发业务可能并不是最理想的，但这让他们俩都变得非常富有。

保罗的另一家公司现在是跨国企业。保罗大部分时间都在美国，这家公司每年能创造数百万美元的收益。保罗和他的同事从零开始建立了这两家公司。两家公司没有债务，而且他们两人拥有全部股权。这可以办到！

一切都是源于这样一个认识：他们目前的业务其实并不完全是他们想要的，但却可以促进一款已经存在的早期软件的发展。这是隐藏的宝藏。

行动指南

（1）从你已经在做的事情开始，确定那些你认为对你来说独一无二的东西。

（2）询问顾客或客户，你的哪些产品或服务需要改进，或者你可以提供哪些目前没有的产品或服务。

（3）将你当前的一些人员和资源委派给新项目。

（4）科技是你创造规模的领域。重复可预测的收入。你正在做的哪些事可以适应这一模式？

（5）委派一位资深的高管（可能是你）来领导项目。

（6）找到隐藏的宝藏后，亲自进行测试。这很重要，像保罗一样亲自将其出售给客户。

第二十四章
谁是你的朋友：伙伴关系和陷阱

与"正确"的人交往可以带来好处，这对交往双方都会产生晕轮效应①。伙伴关系可以导致好事的发生，而在我们周围存在着许多伙伴关系，例如数据共享交易、合资企业、品牌合作以及协会。

卓越的公司非常善于管理自己的品牌。一个强大的品牌会经久不衰，在经受重大打击后恢复过来，并让自身的价值为其他产品背书。英特尔公司告诉每一个人，产品"内有英特尔"，对很多人来说，这成了品质的标志和背书。而这只是说明如何做到这一点的一个例子。你会想到更多例子。

我们在建立自己的企业并着手抢占市场份额的时候，应当考虑很多因素。有一个研究案例是英国航空公司（British Airways）和英国零售巨头玛莎百货（Marks & Spencer）公司的合作。解释了当你将

---

① 指知觉对象的积极特质泛化到其他特质上。——译者注

两个品牌结合在一起时会发生什么以及如何使二者的结合更好地发挥作用。至少，比我自己的经验更好。

来之不易的声誉很容易丧失，我们都知道这一点。我们可以控制很多方面，以确保我们保持并加强其他人对我们的看法。然而，有时候我们太容易抓住机会，而不考虑事情会如何发展。我的一位同事说，只有在一方从另一方那里学到他们需要的知识时，伙伴关系才会发挥作用。一旦他们获得了知识，他们的投入就会大打折扣。这话很有道理。

但是，如果销售盈利让你压力重重，你很容易会把前面可能出现的危险放在一边；或者更糟糕的是，忽略了这样一个事实：如果商业伙伴出现失误，他们的声誉会对你产生怎样的影响。因为你会因与他们有关联而受到影响，即使这种情况不是你造成的。

上述两家英国公司都曾有过非常辉煌的时刻，在许多人的心目中占有特殊的地位。然而，两家公司也曾苦苦保持过去令人羡慕的声誉。一家公司饱受罢工和经营问题的困扰，另一家公司则一直处于改善状态。

对于提供你自己难以制造的产品而言，外包是一种高效的方式。找到一家专业公司供应和交付你所需要的产品是一个重要的商业决定，餐饮业就是这样一个例子。大多数企业将内部的餐饮外包给其他知道这些企业在做什么的企业。

你还可以更进一步，利用他们的品牌使自己的品牌更具吸引力和说服力。但你需要小心，1加1可以等于3，但也可以等于1.5。

当英国航空公司与玛莎百货公司联手在欧洲航线上独家供应他们的食品时，此事遭遇了充满挑战的开始。毫无疑问，英国航空公司想要在他们的舱内餐饮服务上赚钱。就像许多更加精干的竞争者一样，这也很正确。然而，与以往免费提供餐食不同的是，英国航空公司即将向乘客提供付费购买玛莎百货零食的选择。

英国航空公司可能已经意识到其免费餐食做得不够出色。如果能够达成合适的交易，那么与一家在食品方面享有盛誉的公司进行合作并转而销售该公司生产的食品就变得很有意义。找到合适的品牌，销售更多食品并为舱内服务赢得良好的口碑，无疑是双赢的。

不幸的是，这一激动人心的新交易带给我的个人体验与预期相去甚远。玛莎百货公司在确保他们产品的质量方面似乎还有一段路要走。

一次，在我和妻子艾莉森（Alison）从意大利乘机回英国的途中，一种热乎乎的咸味食品被送到了我的妻子面前。因为这种食品在包装内凝固了，看起来极不可口。环顾四周，我们可以看到，失望的不只是我们。机舱乘务员当即把食品换了，给人一种强烈的感觉：这种情况已经不是第一次发生了。两家公司的声誉均受到了打击。对玛莎百货公司来说，是因为他们提供的产品远远达不到我们在当地门店的体验。而对于英国航空公司来说，则是因为他们提供了不能吃的食物。

毫无疑问，情况会改善。在长期声誉受损之前，他们都需要十分努力地处理这个问题。尤其是在和玛莎百货达成交易之前，英国航空公司一直免费提供餐饮服务。

这个简单的故事听起来像是一个琐碎而无关紧要的经历，我同意这种说法。但对看似很好却在早期遇到了应该考虑到的问题的合作关系来说，这是一个很有用的案例。

当然，我们必须认为，一切事宜在机舱内施行之前都进行了彻底的演练。也许，那只是训练和执行的责任。不管是什么问题，在一端到另一端过程中的某些任务失败了。

在首都电台，我们与华特·迪士尼（Walt Disney）公司达成一项协议，代表他们推出并运营一个新的数字广播电台。在最后谈判的关键阶段，华特·迪士尼公司英国方面的管理者告诉我，公司总裁鲍勃·艾格（Bob Iger）想和我谈谈。

"当然，我很乐意和鲍勃谈谈，他在哪儿？"我说。

华特·迪士尼公司英国区经理辛迪·罗斯（Cindy Rose）说：

"明天，他会乘坐他的私人飞机从伯班克①飞往纽约。我们会帮你联系的。"

他们就是这么做的。在指定的时间，鲍勃带着几名律师、辛迪以

---

① 美国加利福尼亚州南部城市，是沃尔特·迪斯尼公司总部所在地。——译者注

及辛迪的团队成员一起出现了。

"嘿，大卫，谢谢你为我的这次拜访抽出时间。"鲍勃说。

美国的商业文化要求任何对话都要有一个极度友好的开场。我喜欢这一点。我提高了警惕。

谈话的实质是，沃尔特·迪斯尼公司从未将编辑责任交给第三方。鲍勃想要说明的是，如果我们在即将成立的电台向未成年听众播放不适宜的音乐歌词，我们将受到严厉惩罚。

我提了几点。比如，英国的法规和监管制度要比美国严格得多；我们也有一个品牌需要保护，如果沃尔特·迪斯尼公司越界，我们也会持类似的观点。我说：

> "鲍勃，我们公司定期在皇家海德公园举办10万人参加的派对。这是我们与王子信托基金（The Prince's Trust）[①] 共同举办的活动。我们知道品牌关系的价值，也知道如何为人处世，希望这能给您一些安慰。"

鲍勃对此很高兴，交易达成了。首都电台和迪士尼公司达成了伙伴关系，双方都从中受益。后来有人告诉我，从来没有人敢向鲍勃

[①] 英国的一家青年慈善机构，由查尔斯王子于1976年创立，旨在为11~30岁的年轻人的就业、教育和培训提供帮助。——译者注

建议说迪士尼公司可能会搞砸！几个星期后，鲍勃来到伦敦，我们喝了几杯，笑谈此事。

这项协议对首都电台来说确实意义重大。作为一家商业企业，协议的意义并不是太大。但与一家对合伙交易非常挑剔的公司合作，该协议就是极大地认可。

行动指南

（1）当你把你的品牌"借"给别人时，请确保你能控制质量和服务。不要把你的声誉放在他们的交付上冒险。

（2）不要因为短期收入和利润的诱惑而牺牲声誉。

（3）他们的声誉与你的声誉相关，你的声誉也与他们的声誉相关。当两家公司走到一起时，占上风的是最坏的声誉。

（4）做充分的测试和尽职调查，并建立保护措施。

（5）确保合同上有退出条款，以防表现不佳的情况出现。

第二十五章
三年计划以及其他低效的计划：预测的弊端

　　在过去，英国的企业经常因为不知道如何规划未来而受到指责。相比之下，日本的企业为未来一百年或更长时间的发展制订规划的故事比比皆是。我不知道这是真是假，但日本工业的成功确实与缜密的长远眼光密不可分。

　　或许，对英国企业而言的关键时刻是它们意识到草率行事并不能保证成功。于是，三年计划应运而生。当英国企业文化的这一基石抬头的时候，你会像我一样经历很多这样的时刻。以下就是一例：

　　董事长："我们的战略规划会议什么时候召开？"

　　首席执行官："10月，这样我们就可以形成下一财年的规划。"

　　董事长："我认为，如果各部门的负责人提出他们的三年

计划，并且你和财务总监把这些计划都带到公司来，董事会将
会觉得很有用。我想我们的顾问也应该到场，这是让他们了
解情况并参与其中的有效方式。"

　　这是一个好主意还是一个相当没有意义的举动？答案取决于很
多因素。如果企业将三年计划作为一种常规管理工具来规划进展和
参照某一标准来评估所做的决定，那么可以说时间花得值得。但如
果是这样的话，每个人都已经定期获得更新信息，因此再花一天时间
听他们已经知道的信息便是浪费时间了。

　　但大多数公司，当然是根据我的经验，显然只有在战略规划会议
或外出研讨会议期间才会准备三年计划。首席执行官从董事会会议
回来后告诉他的团队，他们需要花费大量的宝贵时间为重大的日子做
准备。大多数公司都会用去年的 PPT 作为开场，并在他们开始之前
尽可能地延长这个行为。

　　这有什么价值吗？可以说，三年计划这一做法有助于高管们形成
对未来的看法，而这一看法将影响到日常的决策。

　　"我们的三年计划依靠购买存储空间来扩大公司规模，也
许我们应该购买比现在所需更多的容量？"

　　当然，这可能是一个谨慎的决定，但可能会导致为不必要的容量

支出，而这将影响利润。

三年计划让董事会感到欣慰的是，公司已经把事情考虑清楚了，需要做出的决定也有了依据。虽然这是我所参与的大多数公司的传统，但我个人越来越相信三年计划的价值正在降低。我们应该以"周一革命"的方式考虑规划，以此确保取得积极的实际效果。

最近，我和一位高管讨论了这个问题，他为一家快速发展的科技公司工作。那位高管说：

> "当我刚加入时，我们有过一个三年计划，但后来我们抛弃了它。为什么呢？因为我们连未来半年的情况都无法预测，更别说三年了！"

他的公司现在实行的是季度滚动计划。

顾问和咨询人员经常鼓励公司根据公司目前的情况以及若干年后愿景制订一项计划，通常，为了鼓励更强的责任感和提高个人的责任心，每位高管都必须制订自己的三年计划。我越来越相信，在许多情况下，这是一项相当没有意义且耗时的举动，无法达成预期的目标。

正如我那转变对三年计划看法的朋友所说：

"如果你让他们计划未来三个月的活动，与同事分享自己的计划，并说明他们每周做了什么，你会看到更好的结果。"

那么，该怎么做呢？

没有计划看起来就像没有能力。如果你不知道自己想去哪里，你怎么知道你什么时候能够到达？许多组织都喜欢在公开的材料中加入公司的远大抱负，大概是为了让别人和自己相信，事实上，有一项计划正在蓄势待发。

"我们的雄心是成为领先的、不断发展的、卓越的投递公司，为所有客户提供移动解决方案。"

我请市场总监向我解释一下这句话到底是什么意思。她说："嗯……这可能意味着我们在谷歌搜索排名中位列第一。"我们一致认为，我们的目标可能意味着很多不同的东西，或者实际上根本没有多大意义。除非这个目标与一些具体的东西联系在一起，否则就毫无意义。但由于很多公司都倾向于这样做，我们大多并不真正期望公司的目标被定义。只有像我这样笨拙的人才会发起挑战。

我对计划有自己的想法。这些想法可能不适合你，但在开始一项费用高昂且耗时的行动之前，这些想法可能至少值得考虑。为了完全公开，你必须知道，我喜欢给我所做的大多数事情附上衡量措施和时机。其他人可能不同意，但我不认为我有强迫症，我的经历塑造了我这样的思维。

其实这非常简单。你想在什么时候成为什么样的人？如果你被规模、市场份额、利润率、客户数量、员工福利、多样性或一系列其他指标所驱使，请先就你现在的位置达成一致。这是基准线。

确定你想去哪里以及你需要做什么才能到达目的地。如果你一定要用3年的时间，那就把行动和资源进行分解。如果是一项3个月的计划，就把它分解成周计划；如果是一项三年计划，就把它分解成月计划。就我个人而言，我会把一项三年计划分解成周计划。

在此之后再做两件事。分配个人在每项任务中应该承担的责任，并每周召开一次会议，在会上检查进度，做出改变，审查假设。如果会议只用时10分钟也没关系。会议是为了确保你们都在做你们同意做的事情。如果竞争对手打乱了你的假设，你也能很好地做出回应。

如果你的公司是一家初创企业，你就会熟悉这种方法。因为这种方法是动态的，符合"周一革命"计划。如果你的公司流程完备，这个制度就特别适合你的公司。但毫无疑问，你必须经历重重困难才能使该方法发挥作用。

我不是说不要有计划。更多的是要看你为什么需要一个计划，以及该计划的目的是什么。我的朋友们会告诉你，我是他们认识的人中最不主动的。我总是想知道计划是什么？我们什么时候在哪里见面，谁订的餐厅？我讨厌漫无目的地徘徊，试图以此决定我们是去这里还是去那里。计划是做事的基础，让你可以把正确的事情安排好，并提供一个更好的机会来取得预期的结果。

让我们同意，计划之所以如此有意义，无疑是有很多原因的。计划是关于那些为了达成预期结果而需要走到一起的东西。而且人们很容易会说，比起一系列互不关联的行动和可能让你达到目的的一点运气，在有计划的情况下，预期的结果更有可能发生。

在你的生活、你的工作或其他任何事情中，正确的计划将助你实现预期的目标。计划能提高成功的概率。但是，计划有许多形式、形态和大小。你需要的是什么？为今天制订的计划还是为五年制订的计划？你如何确保你的企业能够将计划转化为行动？谁是负责人，为什么？

我见过很多人，看过无数的计划，从简单计划到过于复杂的计划。我也见过一些不错的计划，并根据我观察和讨论进行了投资。无论是跨国企业还是令人振奋的初创企业，我总是在寻找成功的早期证据，并尽可能地对管理层进行审查，试图确保他们有能力完成计划中对其成功至关重要的各项任务。

所有的计划都有一个共同点，那就是它们充其量只是一个假说。在计划没有真实发生之前，它们代表了我们对事情结果的最佳猜测。我们被迫做出假设，有时是基于以前的结果，有时基于猜测，因为我们往往鲜有或根本没有证据来支撑我们的观点。

本书的基本假设是，你之所以想要取得进步，是因为前进的感觉比后退的感觉好。因此，什么可能适合你或你的企业？你如何才能用一个或多个雄心勃勃但可以实现的计划确定最佳路线？你能收集到什么证据？

很多年前，我在纽约与凯斯·里德（Keith Reid）一起度过了一段时间，他的名字你可能一时想不起来。凯斯是一个作词人，他和普洛可·哈伦（Procol Harum）乐团①一起在全球范围内获得了成功。英国前卫摇滚团体，凯斯创作了该乐团所有的歌词，包括那首广为人知的单曲《苍白的浅影》的歌词。凯斯是一个谦虚而开朗的人，极富幽默感，他既自信又有说服力。这并不容易，起初他在音乐界没有人脉，需要从头建立关系。凯斯从早年开始就有大量的版税收入，我问他未来一周的计划是什么。他回答道："不知道，我从来没有什么计划！"

我一直记着他说的话。没有计划也有可能成功。我很肯定，凯斯当初也没有计划要成为一位作词人并为全球广为人知的歌曲之一作词。正如他告诉我的那样，当时，他不认识音乐界的任何人，但他的天赋、抱负、自信和当时的主流环境一致。我们大多数人都不能依靠这一点，所以我们制订计划，试图以此增加我们成功的机会。

如果你正在经营一家企业，你就需要一个计划，尤其是因为这是

---

① 英国前卫摇滚团体，成立于 20 世纪 60 年代。——译者注

预料之中的事。如果你像凯斯一样有固定的收入，没有人需要考虑，那就好办了。但我们大多数人的情况并非如此。作为一家企业的管理者，也许是正在寻求投资的小企业，又或者是一家全球化的公司，当被要求解释你的计划时，答案不能是"我们没有计划"。

然而，我们的抱负一旦被制成电子表格并发送给其他人，计划就成了判断所依据的记录。问题就在这里。如果不默认计划需要定期重新审视和调整，这些计划就可能成为危险的武器，尤其是在不当之人手中。

我被介绍给了莎拉，她担心她的企业正在衰落，并决心为此做点什么。她的公司拥有庞大的资产，但他们需要投资以及一项新的销售和分配计划。她的纸质杂志需要从印刷媒体转移到新的数字渠道，因为大批读者已经转向了数字渠道。我们讨论了各种想法和选择，并准备了一份业务计划待董事会批准。

经过反复讨论，该计划获得批准，莎拉得到了所需的资金。到目前为止一切都还不错。但与提出商业计划相比，这是小菜一碟。萨拉和她的团队做出的假设被证明至少在短期内是错误的。对董事会而言，将这笔钱用于投资不是一个容易的决定。这个想法与其他选项进行了竞争，得到了董事会个别成员的支持，这些成员对支持莎拉的多数决定根本不予支持。

现在出现了激烈的争论。商业计划与实际绩效的对抗为持不同意见者提供了彻底破坏这一想法所需的证据。莎拉的业务以极为缓慢的速度逐渐增多，但是状况不佳。目标没能达成，业务需要更多现金，并且该模式尚未得到证明。让我们稍后再谈莎拉，看看可能会有什么不同。

投资总是需要合理的理由，而这些理由的形式就是三年计划。一年太短，五年太长，所以在大多数情况下，三年正好。我曾多次参与为寻求投资的公司制订三年计划。因为这是投资人的期望，说实话，他们资金短缺。第一年亏损，第二年收支平衡，第三年赢利。收入线将是理想的，利润率也可以强化高增长公司的假象。

好消息是，没有人真的相信这一点。投资者认识到，如果能实现一半的增长，他们就会很高兴。然而，这个游戏必须要玩，因为任何不是陡峭的上升曲线的东西都会显得抱负不足。这种情况一次又一次地出现。聪明的投资者寻找的是对于产品的证据、迄今为止的成就以及现在正在发生的事情的证据，而不是三年后的东西。

计划是必要的，符合逻辑的，也可以说得通。但如果在错误之人手中，这个想法会使所有参与其中的人不堪重负。

迈克尔是一家成功的合伙企业的领导。虽然成就不凡，但他并不自信。他往往会抓住别人说的最后一个想法。在一个合作人会议上，他讲述了自己最近遇到的一位与他身份相似的人物。为了鼓舞更大的责任感并增强个人责任心，此人曾让他的每一名员工制订他们自己的三年计划。迈克尔想让他的团队做同样的事情。我说服他相信这是一个毫无意义且浪费时间的做法，不可能实现他想要的目标。

正如我此前说过的那样："如果你要求他们规划未来3个月的活动，与同事们分享他们的计划，并说明他们每周都做了什么，你会看到更好的结果。"

如何最好地准备、制订和执行一个只有通过努力才有可能发生的计划？正如我们已经讨论过的，计划的周期越长，就越不可能完成。我对三年计划的偏好是将它们分解成非常小的步骤，并让这些步骤承担责任。在此基础上，该计划会产生一系列你现在就应该开始的优先事项和行动。管理大师彼得·德鲁克（Peter Drucker）表示，计划只有在蜕变为行动时才会成功。

应该每3个月审查一次计划，重新审视假设，提出新的证据，改变盈亏数字，以反映新的现实情况。莎拉的计划本应该有良好的警示贯穿始终。短期目标本应该是可实现的，以便为支持她的人和怀疑她的人带来信心。如果你在新的领域，请规划一个短得多的时间表。描绘几年后的大局没有问题，但真正的工作应该是证明新的想法和用短期资金进行投资，以证明这个想法。我个人从来没有为一个看似可行的想法努力筹集公司资金。

确保计划具有正确的可衡量结果。无论你是在人力资源、财务、营销、销售还是其他部门，都需要以商业化的驱动力。分享你的计划和结果，以便让自己和你的同事为该计划负责。

行动指南

（1）用你选定的衡量指标评估企业现状。这是基准线。

（2）确定你希望这些衡量指标在某个特定时刻成为什么。

（3）弄清事情的相互依赖关系，以便确定优先事项。

（4）制订一个需要个人负责的计划，以明确什么时候需要做什么。

（5）定期召开会议，以审查假设并按计划推进。

（6）将任务限定在可以达成的范围内。小步伐远比大步跃进更有效。时不我待，马上行动。

后记　一次走一步

在伦敦的一场演唱会上，Fun Lovin'Criminals乐队[1]主唱休伊·摩根（Huey Morgan）向观众发出挑战，要求他们考虑以更有价值的方式度过一生。事实上，他对观众说："你们都会逝去，从现在开始，直到你们逝去，其间，你们打算做什么？"说完这句话后，休伊又用另一个问题强化了他的意思，好让大家彻底明白。"当你们离开这个房间时，你们打算做什么？"我喜欢这个问题。

既然你读了这本书，你打算做什么呢？

本书包含了很多信息，这些信息与你可以做的事情和可以采取的行动有关。现在就交给你了。根据这本书，你能制订一个计划吗？你能否接受你读的内容，理解这些内容，并思考："这就是我，这就是在我的组织中发生的事情，也许我们能够以一种略显不同和稍加高效的方式行事？"

本书中有多个行动指南，将它们悉数运用到你自己的工作环境中是有挑战性的。但是，其中一些会比另一些更容易运用。从这些更容易运用的行动要点开始，去创造动力、信誉和影响力。为自己设定一些最后期限，以此帮助你跟上进度。面对每一项需要完成的任务，都要问自己：如果不是现在完成，又将是什么时候？

既然你已经花了一些时间阅读本书，让我们确保这些时间花得

---

[1] 美国的一支乐队。——译者注

值。只采用书中的一个指南并成功地加以应用，就能显著改善你的职业前景、工作乐趣和满意度以及业务表现！

读完这本书，你可能已经找到了一些答案和想法，来应对工作中的各种挑战。

我想确保你已经抓住机会使情况朝好的一面发展。这本书将被不同的人阅读，他们的角色千差万别。有些内容可能会吸引企业的首席执行官，有些内容可能会吸引那些刚刚开始职业生涯的人。但这没有关系，因为这本书适合不同职位、性别和年龄的读者。

每个人都可以进行一场"周一革命"。